EXPOSITION UNIVERSELLE.

CAUSERIE ARTISTIQUE.

BEAUX-ARTS, PEINTURE,

Par M. Edouard SAINT-AMOUR.

Prix : 1 franc.

Lille,

IMPRIMERIE DE LELEUX, GRANDE PLACE.

1855.

CAUSERIE ARTISTIQUE.

BEAUX-ARTS, PEINTURE.

EXPOSITION UNIVERSELLE.

CAUSERIE ARTISTIQUE.

BEAUX-ARTS, PEINTURE,

Par M. Edouard SAINT-AMOUR.

Prix : 1 franc.

LILLE,
IMPRIMÉRIE DE LELEUX, GRANDE PLACE, 8.
1855

EXPOSITION UNIVERSELLE.

CAUSERIE ARTISTIQUE.

BEAUX-ARTS, PEINTURE.

L'ART MODERNE.

On a beaucoup écrit, beaucoup discuté sur cette question : Les artistes modernes peuvent-ils soutenir avantageusement la comparaison avec les anciens ? Comme dans toutes les controverses de cette nature, il y a eu exagération de part et d'autre. Les modernes ont à lutter contre un grand nombre de préjugés. On l'a déjà dit : ils ont d'abord le tort de n'avoir pas eu le temps de devenir *anciens*. La gloire de ces derniers est consacrée, c'est une vérité démontrée, c'est un axiome,—on les admire de confiance. Cela met de leur côté Plusieurs parties de ce grand tout , de ce juge suprême et souvent bizarre qu'on nomme le public. Ils ont certainement pour adepte un parti compétent, consciencieux en toute connaissance de cause ; seulement, pour étudier ces maîtres déjà célèbres, et par conséquent déjà signalés à son attention , ce parti est aidé par des précédents, par de nombreux ouvrages écrits sur la matière, qui le guident dans ses études, qui lui révèlent une à une les beautés de chaque école. Nous profitons du travail de plusieurs générations , nous sommes poussés involontairement et forcément à l'admiration de certains chefs-d'œuvre, admiration légitime, j'en conviens, mais qui n'eut peut-être pas existé, ou eût existé à un degré moindre sans les puissants auxiliaires dont j'ai parlé plus haut.

Les modernes n'ont pas été aussi bien étudiés. Combien de talents, ignorés aujourd'hui, que le temps, ce grand réparateur des grandes injustices, mettra au jour. On est loin d'être guidé dans ce labyrinthe où il faut marcher seul au risque de se perdre, et au prix, dans tous les cas, d'efforts dont on ne se sent pas toujours capable. Les modernes ont donc contre eux ceux qui n'ont ni le courage, ni la patience, ni le temps de les étudier; qui trouvent plus commode de proclamer la supériorité des maîtres dont ils connaissent les noms sinon les œuvres, que de se prononcer nettement à propos d'artistes sur lesquels il n'existe pas une opinion toute faite prête à prendre.

Il faut de longues et sérieuses études pour arriver à comprendre les beautés d'une peinture. Je ne veux pas tomber dans cette autre exagération, assez commune chez les artistes, qui consiste à refuser complétement à la masse du public tout sentiment de l'art. Il sait reconnaître ce qui frappe vivement son imagination, ses instincts généreux et ses passions bonnes ou mauvaises; mais c'est alors plutôt le sujet que la façon dont il est traité qui excite son admiration. Comment expliquer autrement cette foule qui a toujours assiégé la *Smala* d'Horace Vernet, et qui a passé peut-être quelque fois sans les remarquer près de la *Barque du Dante*, près de la *Médée* de Delacroix, ces deux magnifiques pages de notre école moderne. Le public habituel des musées n'a pas le temps de voir, il ne fait qu'entrevoir; il passe rapidement devant des centaines de tableaux, donne un jour au Louvre, cinq ou six heures au Luxembourg, actuellement deux ou trois jours aux Beaux-Arts.... et croit avoir tout vu.

Combien de personnes qui, devant un Raphaël authentique, s'écrient avec enthousiasme : « Sublime! admirable !... » sauraient répondre au « Pourquoi? » Prenez un Rubens, un Titien sans signature, et une copie passable; sur vingt soi-disant connaisseurs, il y en aura dix-huit qui préféreront la copie, — et je n'ai pas la prétention d'être l'un des deux autres, car, je le répète, il faut une grande expérience pour donner un avis sans restriction sur cette fameuse querelle des anciens et des modernes. (1)

Aussi, quoique dans ma conviction intime certains maîtres n'aient pas encore été égalés, quoiqu'on n'ait pas encore dérobé à Raphaël sa suave et angélique pureté, à Michel-Ange sa sublime énergie, à Titien sa splendide palette, à Rubens sa couleur vigoureuse, son immense fécondité, son génie créateur et constamment original, à Van Dick son élégante poésie ; quoique je ne conseille à personne d'aller visiter le Louvre avant les Beaux-Arts..., je proteste de toutes mes forces contre cette idée qui, bien que vieillie, a encore trop de partisans, à savoir : « que nos artistes modernes sont à *mille piques* (expression consacrée) des peintres anciens. » C'est là qu'est l'exagération, l'injustice. Ce n'est plus penser en artiste intelligent, mais en collectionneur, en marchand de bric-à-brac qui fait souvent consister la valeur d'un tableau dans une date.

---

(1) La dénomination d'*anciens* dont nous nous sommes servi à propos de quelques maîtres, n'est pas exacte au point de vue chronologique, nous le savons ; le mot est impropre, mais il n'épargne plusieurs classifications, beaucoup de détails qui ne peuvent entrer dans le cadre restreint de quelques feuilletons.   E. S.

J'ai vu beaucoup de ces vieilles toiles enfumées dont le principal mérite était dû à ce glacis harmonieux que le temps imprime parfois à ce qu'il touche. Elles ne valaient certes pas une belle ébauche de Delacroix ou même de Decamps.... mais elles étaient vieilles.... et, par suite, avaient une valeur.... marchande.

On ne tient pas non plus assez compte aux peintres d'aujourd'hui de la différence des époques; l'âge moderne prête moins aux compositions *à effet*. Les événements fournissent moins de ces sujets émouvants que le peintre reproduit avec amour.... et qui frappent le public; ou si des sujets, non moins émouvants peut-être, existent sous une autre forme, ils nous paraissent moins poétiques par cela même qu'ils sont plus près de nous, que nous les voyons, que nous les touchons, et que l'interprétation nous paraît involontairement pâle près de la réalité. Qu'il traite des sujets anciens ou modernes, le peintre est influencé par les idées de son temps. Raphaël qui, au 16.ᵉ siècle, s'inspirait des grandes images de la Bible, s'il eût vécu au 19.ᵉ, aurait donné à ses œuvres un tout autre cachet : au lieu de s'adresser à l'*imagination*, à l'*esprit* qui, à son époque, exigeaient des compositions plus dramatiques, plus facilement saisissables, il se fût adressé plus directement au *cœur*, à l'*âme*. Raphaël copierait aujourd'hui comme alors, la nature qui, elle, est restée toujours la même, grande et sublime ; mais il reproduirait nos mœurs modernes avec des moyens plus simples. Il ne serait pas moins grand ; seulement il serait compris un peu plus tard.

Il y a aussi une question toute matérielle à laquelle on a songé trop peu, et qui rend la carrière de nos artistes difficile. Ils vivent péniblement : livrés à eux-mêmes, sans maître qui les protége, sans ces rois, ces grands seigneurs qui se les disputaient autrefois ; ils avancent pas à pas, côte à côte souvent avec la misère, cherchant en vain dans leur isolement une main qui les soutienne. N'en déplaise aux phrases et aux chansons faites et chantées sur le bonheur qui règne dans les mansardes, le génie mûrit mal lorsqu'il a faim, qu'il grelotte et qu'il est obligé de se cacher dans ses ailes pour se réchauffer.

Nous avons des peintres riches ; mais combien n'ont-ils pas dû imposer de conditions à leur talent pour obéir à cette exigence très-prosaïque, mais impérieuse, mais implacable : le pain de chaque jour! Combien ont gaspillé leurs belles années, leurs années de jeunesse et de force.... *pour vendre !*

En France on ne récompense guère les artistes. Un de nos peintres remarquables a mis vingt ans à parcourir tous les degrés de la *médaille* et a eu un bout de ruban au bout de trente ; — ce n'est guère encourageant. Sous ce rapport, nous sommes loin des siècles derniers, encore plus loin de l'antiquité. Il est peu probable que M. Delacroix ait vendu sa *Médée* aussi cher que le peintre Timonaque vendit la sienne à César, qui la paya 80 talents.

Pline nous dit que le peintre thébain Aristide vendit pour 100 talents un seul tableau au roi Attale ; que le roi Candaule acheta *au poids de l'or* un tableau de Bularque, et le tableau était de grande dimension. (*Candaules rex*

Bularchi picturam magnetum exitii, haud mediocris spatii, pari rependit auro. PLINE, lib. VII.) Sans la crainte d'être accusé de pédantisme, je citerais d'autres exemples : il n'en manque pas.

Depuis Raphaël qui ne sortait jamais qu'escorté de princes et de cardinaux; depuis Titien dont Charles-Quint ramassait le pinceau et à qui Buonarotti préparait un triomphe à Rome ; depuis Léonard de Vinci que François I.ᵉʳ assistait à son lit de mort; le sort de nos artistes est bien changé. Ils sortent sans le moindre cardinal, ramassent leurs brosses eux-mêmes et meurent très-bien tout seuls. Voilà ce qui fait peut-être que nous avons, quant à présent, de moins grandes individualités qui mettent d'ailleurs plus de temps à se produire ; mais il est certain que l'art, pour avoir pris une autre direction, ne fait pas pour cela fausse route. Il se transforme et tend à devenir plus réellement sérieux, plus universel. Un peintre qui ne sera plus le *client* d'un roi, d'un grand seigneur, aura la vie plus dure, il parviendra plus lentement... mais il sera plus libre; il sera désormais l'interprète non d'un parti, d'une coterie, mais celui de l'idée moderne éclose à cette chaleur vivifiante qui féconde tout : le *progrès.* Comme les maîtres, il aspirera au beau, au vrai surtout, mais au beau dégagé des accessoires parfois puérils d'une époque qui a eu sa raison d'être et qui a fait son temps.

Le chemin des nôtres sera rude, comme toute voie naturelle qu'il faut frayer, il serait injuste de dire qu'ils n'ont pas fait un grand pas. Quand on voit l'exposition des *Beaux-Arts,* on se sent plein de confiance pour l'avenir de cet art moderne trop calomnié; quand on est devant une toile de Delacroix ou d'Ingres, on se demande s'il est équitable de tout accorder aux anciens, si peu aux modernes. Si le lecteur le veut bien, nous parcourerons ensemble les salles de l'*Exposition,* et j'espère prouver que les quelques réflexions dont j'ai fait précéder ce compte rendu, sont fondées sur des preuves sérieuses.

Autriche.— Bade et Nassau.— Bavière.

Lorsqu'on arrive au Palais des *Beaux-Arts,* avec la ferme volonté de voir, je ne dirai pas tout, mais le plus possible, afin de rendre compte consciencieusement de cette belle Exposition, lorsqu'on a acheté le *livret,* gros volume de plus de six cents pages, on se sent atteint d'un premier frisson de paresse; lorsqu'en entrant, l'on aperçoit ces galeries qui se croisent, s'allongent indéfiniment, on recule effrayé. Le frisson passe à l'état de fièvre chaude : on envie le sang-froid du bourgeois qui sort de là frais et dispos, après avoir *tout vu,* ne rapportant d'autre fatigue que les bienfaits d'un exercice salutaire; c'est le seul résultat de sa visite, plutôt hygiénique qu'artistique, et certainement plus profitable au buffet qu'à la question des anciens et des modernes.

Plus je contemplais ce dédale, plus je me sentais d'indulgence pour ces spirituels paresseux de la presse qui, sans autre peine que de lire nos meilleurs critiques, s'en vont glanant, butinant de-ci, de-là, cueillant les plus jolies fleurs, les plus connues surtout, celles qui sont étiquetées, comme les plus rares du Jardin des Plantes. C'est un charmant bouquet à offrir à une jolie femme.

Mais l'humble plante qui n'a pas encore d'étiquette ! Mais l'artiste inconnu dont l'œuvre, quoique belle, a pu échapper à l'analyse ; qui les trouvera ? si ce n'est quelque chercheur patient, qui signalera un nom de plus à nos critiques en renom. Et ceux-ci répareront leur oubli, si c'est réellement un oubli ; à une autre *Exposition* ils se rappelleront ce nom sur lequel on aura appelé leur attention, et justice sera rendue.

C'est en faisant ces dernières réflexions que le courage me revint ; je poussai même la témérité jusqu'à vouloir me faire une opinion *à moi*, voir moi-même et prendre une plume au lieu d'une paire de ciseaux.... Enfin, après un dernier frisson (c'était la fièvre qui s'en allait), j'ouvris bravement mon livret, je m'élançai tête baissée, je franchis le Rub.... non, le Pruth.... le sort en était jeté ! j'étais en Autriche.

L'Autriche paraît suivre, en peinture, la marche de sa politique : elle conserve sa neutralité. Elle n'a produit aucune de ces œuvres qui s'attirent la louange ou le blâme. C'est comme une femme sur le retour qui reste convenable et craint de faire parler d'elle ; elle cherche à contenter tout le monde. Sa peinture est généralement insignifiante ; il semble qu'elle soit retenue par la crainte de se compromettre en marchant plus résolument. Elle n'a pas voulu prendre la bonhomie, la couleur souvent heureuse des Flamands, de peur de contrarier la Prusse représentée par M. de Cornélius ; elle s'est bien gardée d'adopter la manière théâtrale de ce dernier, dans la crainte d'essuyer les railleries de notre spirituelle et rieuse alliée : l'*Exposition anglaise*. Elle n'aurait osé, pour beaucoup, lutter de fougue, de verve, de couleur avec M. M. Delacroix, elle aurait eu l'air de faire les doux yeux à la France ; et l'empereur Alexandre ne plaisante pas, surtout en ce moment.... Par excès de prudence, elle a manqué de courage ; elle n'a rien fait d'absolument mauvais, mais rien non plus de très beau. Après cela, si l'on ne voit pas d'œuvre de génie, on rencontre au moins quelques tableaux, comme nous l'avons dit, *convenables*.

Parmi les bons, nous citerons un portrait de M.elle Sophie Fredro ; son portrait de *M. le comte F...* (n.° 15), est d'un dessin correct et d'une bonne couleur : les chairs sont bien des chairs et non du carton peint comme il y en a tant, hélas ! On voit qu'elle a puisé à une bonne source ; et la source, il faut l'avouer, est plus près de la Seine que du Danube. L'un de ses maîtres, M. Chiffart, a un nom peu autrichien et terriblement français ; ajoutez à cela que son autre professeur est Polonais ; qu'elle est née en Galicie. Elle n'est donc Autrichienne que sur le livret.

Un autre Autrichien (né à Venise) M. Caffi, a trois tableaux qui ont quelques qualités et au moins autant de défauts. Sa *vue de Venise* est d'un coloris assez frais, mais forcé en quelques endroits. Son *Carnaval à Rome* (n.° 9), quoique trop *fini*, a de bons morceaux.

Le Cerf expirant entouré de vautours, de M. Frédérick Gauermann, manque de naturel ; son cerf, bien que ressemblant à un cerf du Cirque qui meurt en animal bien dressé, a une tête assez expressive, cela sauve le tableau.

Encore un autre Autrichien (né à Amsterdam), M. Henri Van Haam. Son *Effet d'hiver pris dans la forêt de Bakony* (n.° 25), est très-étudié : le ciel est léger, les fonds vaporeux ; le bois des arbres dépouillés est d'un ton trop chaud. Le peintre a voulu donner un *repoussoir* à la neige, la transition est brusque. A cela près, c'est un joli paysage

Les Alpes autrichiennes (n.° 26), de M. Hansch (Antoine), sont encore un paysage bien rendu, sauf les eaux qui nous ont paru d'un bleu verdâtre assez désagréable. Cet effet peut, après tout, être vrai, quoique mal choisi ; l'eau change d'une minute à l'autre, elle subit naturellement l'influence de la lumière. Je ne veux pas tomber, par une observation légèrement faite, dans l'erreur du jeune critique dont parle M. Alphonse Karr (Bourdonnements ; *Siècle* du 7 octobre 1855). Ce brave jeune homme blâmait sans sourciller la couleur des *eaux de la marée basse* de M. Gudin ; et il avait vu une seule fois la mer, l'avait regardée pendant cinq minutes.... encore, était-ce peut-être à marée haute ?

Il y a aussi les dessins de M. Fuhrich (Joseph) ; ils ont du mérite, c'est tout ce que nous osons dire ; le moyen de hasarder une critique quelconque quand on a affaire à un professeur de l'Académie des beaux-arts, — chevalier de l'orde pontifical, de Saint-Georges et de l'ordre impérial, — membre de plusieurs académies, et qui a obtenu de plus la médaille impériale d'Autriche : *de arte merito.*

L'Autriche a quelques jolies gravures de MM. Stober, Bisi, Benedetti.

BADE ET NASSAU.

M. Winterhalter, né à Bade, fait figurer ses œuvres les plus importantes à l'*Exposition française.* Il n'a pourtant pas voulu déshériter entièrement sa patrie ; il lui a laissé le *portrait de M.me la comtesse K.... avec ses enfants.* Il a réservé pour la France : un portrait en pied de l'Empereur, un portrait de l'Impératrice, et l'*Impératrice entourée de ses dames d'honneur* (n.° 4209). Ce dernier tableau est très-goûté du public qui admire certaines ressemblances, certains détails heureusement réussis. Les juges, plus sévères, lui reprochent de l'affèterie dans les poses, des tons plus jolis que vrais dans les chairs, *criards* dans la verdure du fond. Sa position de peintre officiel a attiré à M. Winterhalter des éloges et des critiques outrés. Il ne mérite ni les uns ni les autres. Ce n'est pas un homme de génie, tant s'en faut ; mais ce n'est pas non plus un mauvais peintre. Il a fait preuve de courage en bravant les obstacles énormes que présente cette réunion de jeunes et jolies femmes dans ce costume moderne dont les gravures de mode peuvent, seules, tirer parti. Il y avait là de quoi dérouter plus d'un artiste. Il faut faire la part de la difficulté.

Pourquoi M. Delacroix a-t-il exposé sa *Médée* du musée de Lille ? Celle de M. Grand (Jean) ne nous paraîtrait point si pâle.

Le tableau qui m'a le plus frappé dans l'exposition badoise, est celui de M. Georges Saal (n° 167), *les hautes montagnes de la Laponie éclairées du soleil de minuit.*

En voyant cette lumière étrange, répandue d'une façon si éclatante sur toutes les parties d'un paysage non moins étrange, j'ai éprouvé la même sensation que devant un beau portrait dont on ne connaît pas l'original, et dont on dit cependant : Il doit être ressemblant. Je ne connais pas la Laponie, je n'ai pu voir ces effets splendides qui, par delà le pôle arctique, semblent, dit-on, pendant trois mois de l'année que brille *sans interruption* le soleil, appartenir à un monde fantastique. Je n'ai rien vu de ces tours de force de lumière plus extraordinaires souvent dans les régions du nord que dans celles du midi.... pourtant une persuasion intime me dit que ce tableau est vrai. On n'y rencontre pas de ces *ficelles* qui vous mettent en défiance. Dans mon ignorance du pays, je ne puis garantir la vérité des *sites,* des *effets,* mais je puis certifier, sans me compromettre, que c'est une œuvre sérieuse.

Le Campement des Bohémiens (n.° 170), de M. Knaus (Louis), est une jolie composition. Le garde-champêtre qui examine *les papiers* des Bohémiens est très-original ; il a la conscience de l'importance de son officielle personne. La vieille Bohémienne dispute adroitement ; sa physionomie est pleine d'astuce. La jeune fille qui regarde la scène, tout en arrangeant son épaisse chevelure, a le cachet de sa race, ainsi que le jeune garçon dont la pose est naturelle ; tout couché qu'il est, il sera bientôt debout, aura vite saisi son bâton si les paysans qu'on voit accourir font mine de les attaquer. Ce dernier groupe est d'un ton et d'un dessin un peu secs. Il y a au premier plan un singe et le chien du garde-champêtre qui feraient à eux seuls un joli tableau.

— **EN BAVIÈRE,** nous citerons : *Les Chevaux hongrois au pâturage* (n.° 186), de M. Adam (François); ils nous paraissent pour le moins aussi bons que ceux de son homonyme français, M. Victor Adam ; mais l'eau est lourde et manque de transparence.

Un portrait de M. Kolbach (Frédérick), peint sagement, on peut même dire savamment, mais trop mou dans certaines parties.

Un paysage d'hiver de M. Richard Zimmermann : *Voyageurs arrêtés devant une ferme* (n.° 246). Il règne dans l'ensemble de ce paysage une vérité saisissante. Ce ciel gris, cette neige qu'éclaire le jour blâfard du crépuscule vous glacent. Femme, homme, enfants, chevaux, la terre, tout grelotte. Si je me rappelle bien, il y a au premier plan deux corbeaux qui ont l'onglée. On se prend d'une immense pitié pour ces pauvres enfants de l'Allemagne que leur mère ne peut nourrir et qu'elle est forcée de renvoyer. Heureusement, une chaumière est là avec son foyer où le bois pétille, ils ne mourront pas de froid. Cette œuvre est une des plus remarquables de la Bavière, et elle serait très-remarquée en France.

Un assez beau paysage de M. Frédérick Muller, qui a le tort d'être inscrit au livret sous cette dénomination : *Grand Paysage, style héroïque.* — Il est certainement mieux peint que bien d'autres, mais ce titre malencontreux vous pousse involontairement à exiger quelque chose de plus grandiose.

Prusse. — Danemark. — Suède. — Norwège.

Les deux grands noms de la Prusse sont MM. de Cornélius et de Kaulbach. Nous n'avons pas à les juger comme peintres; ils n'ont envoyé que des dessins qui, dit-on, sont d'une facture toute magistrale. Ce *dit-on* pourrait faire supposer que je ne les ai pas vus. Je les ai vus et revus ; j'ai passé même beaucoup de temps à étudier les divers sujets de ces grandes compositions ; j'ai cherché le *pourquoi* de cette réputation dont ces artistes avaient été précédés en France, et, je l'avoue, je ne l'ai pas toujours trouvé.

A côté de belles lignes, dignes des maîtres, je voyais ou je croyais voir des contresens impardonnables. Ma première pensée, pensée toute humaine, c'est-à-dire orgueilleuse, fut celle-ci : encore une réputation usurpée ; la seconde, plus modeste, fut que j'étais peut-être incapable de juger de telles œuvres. Je dus convenir qu'il faut, pour comprendre des cartons de ce genre, une science pratique plus grande que pour juger une peinture.

Le secret de l'art, ce beau qui semble parfois se cacher à plaisir au regard du vulgaire, est difficile à découvrir sous *des lignes* qui n'ont qu'un simple trait pour exprimer ce que la couleur rend plus rapidement compréhensible.

Pour moi, la couleur, c'est la vie, c'est le mouvement, c'est le sang qui anime une chair vivante, c'est un rayon de soleil dérobé au ciel, c'est une âme qui passe dans la mienne, qui me fait sentir et penser avec elle.

Le dessin (toujours pour moi adepte trop novice sans doute) est une ligne terne et froide, c'est le squelette dépourvu de vie et de chair, où je ne vois qu'une combinaison savante de traits, qu'un entrelacement d'os dont la complication m'effraie, dònt je m'éloigne comme d'un amphithéâtre, où mon ignorance n'a que faire.

Je me suis donc incliné avec respect devant les cartons de MM. de Cornélius et de Kaulbach, et je me bornerai à dire tout bonnement, tout naïvement mes impressions, sans prétention aucune.

Dans les cartons de M. de Cornélius, j'ai cru remarquer, parmi des sujets traités avec une véritable grandeur, une exagération systématique de tous les sentiments. Il exclut la simplicité de toute action de ses personnages ; pas un qui n'agisse sans avoir mûrement combiné chaque mouvement ; les draperies elles-mêmes semblent s'être concertées pour entremêler majestueusement leurs plis peu en harmonie souvent avec la vulgarité du sujet. Les animaux posent aussi, la nature elle-même pose, les arbres m'ont paru des arbres de convention, dont les branches ont presque un geste tragique; ce sont de longs bras qu'on est étonné de ne pas voir sortir d'une toge. Pourtant M. de Cornélius est un grand artiste, mais un artiste qui a voulu forcer son talent. Il s'est tenu trop loin de la terre, il a oublié que notre pauvre humanité n'a pas d'ailes. Nous ne pouvons aller à lui, qu'il descende jusqu'à nous et il sera compris.

La *Tour de Babel*, de M. Guillaume de Kaulbach, offre beaucoup des mêmes inconvénients. On se perd dans ce cahos, où, après de longues recherches, on pourrait cependant trouver de belles choses; mais il faudrait pour cela posséder une patience, une science hiéroglyphique dont je suis loin d'être doué.

Revenons à la peinture. M. André Achenbach a cinq bons tableaux : sa *Kermesse en Hollande* (n.° 1687) est une bonne toile. La lune, qui caresse doucement le payage de droite, semble, de l'autre côté, céder sa place aux lampions, à l'illumination, qui éclaire de ses feux rouges une scène animée, une de ces cohues flamandes si gaies; il y a plus que du mouvement, il y a du bruit dans ce coin du tableau. — Sa *Mer orageuse* est bien peinte. — J'aime aussi beaucoup sa *Marée haute à Ostende.*

Voici un Prussien, élève de MM. Couture et Palezzi, M. Brendel : son *Parc aux Pourceaux* a de quelques qualités.

Nous citerons aussi un bon portrait de M. Eybel, élève de M. Paul Delaroche, encore un Prussien naturalisé Français ;

Deux beaux paysages de M. Hildebrandt, né à Danzick et élève de M. Eugène Isabey...La France pourrait donc aussi le réclamer. Son *Hiver* (n.° 1731) est d'une grande vérité; les lointains sont d'une finesse extrême;

Le *Droit de Chasse,* de M. Hubner (Charles), (n.° 1739), est bien composé. Il y a deux bonnes figures de braconniers ;

La *Suzanne justifiée par Daniel,* de M. Kersclouvsky, est une peinture assez pâle, ou plutôt assez jaune et même trop jaune;

Quelques jolis portraits de M. Magnus, une scène gracieuse de M. Meyer (n.° 1774), *Mère et Enfants,*; un paysage de M. Michelis (n.° 1778) ; une *Vue du Hâvre,* de M. Jules Rauch.

Encore, toujours des transfuges: M. Gustave Richter, élève de M. Cogniet. Son *Portrait de Femme* (n.° 1791) est, sans contredit, le plus beau de l'exposition prussienne.

M. Steffeck (Charles), a de jolies études de chiens et de chevaux ; mais son tableau le plus sérieux est le n.° 1813, *Soldats se logeant dans un couvent.* Ces pauvres moines, qui se sauvent, poursuivis par de grossiers soudards, et recevant, qui une bourrade, qui un coup de pied, sont rendus avec infiniment d'esprit. L'ensemble est animé, et le peintre dit ce qu'il a voulu dire.

DANEMARK.

M. Gronland (Theude), un des meilleurs peintres danois, a exposé des fruits et des fleurs (n.° 525, 528), d'un naturel exquis. En quittant ces deux études, un poète va immédiatement dévaster une serre, et le gourmet court chez Chevet.

Le *Combat naval,* de M. Melbye (Antoine), est assez bien composé. Il y a de l'*action,* ce qui manque à beaucoup de batailles.

J'en dirai autant du tableau de M. Sonne (Georges), *Sortie des troupes danoises de la ville de Fredericia* (n.° 2273).

Le *Berger gardant son troupeau dans les bruyères de Jutland,* de M. Vermchren (Frédéric), est d'une couleur trop conventionnelle; les terrains sont *chocolat,* les moutons sont bleus. J'aime mieux les *Enfants qui jouent* (n.° 2258), de M. Moniet (David).

SUÈDE ET NORWÈGE.

En Suède, nous nommerons d'abord M. Kiorboë (Charles). Ses *Chiens de Tartarie* (n.° 1973) sont superbes. Le chien qui regarde de travers son voisin est très beau d'expression. Sa *Course de trotteurs sur un lac* est une scène animée.

M. Iernberg (Auguste), auteur de la *Jeune Fille et le Collier,* est aussi un étranger égaré en France ; il est élève de M. Couture. Nous aimons mieux sa *Jeune Fille* que son *Loke et Sigoun,* composition obscure, maniérée, tourmentée. M. Iernberg a du talent ; mais il n'a pas réussi. C'est une revanche à prendre.

Le *Prêche dans une chapelle de la Laponie suédoise* (n.° 1970), de M. Hockert, est plus qu'un bon tableau ; c'est une belle œuvre. Tous les personnages écoutent avec une attention appropriée à l'âge, au sexe, au caractère de chaque individu. Ces groupes, gentiment arrangés, forment une charmante et irréprochable composition. Cette réunion si naïve contraste heureusement avec la figure sombre, raide, tranchante du prédicateur. On trouvera peut-être que cette disparate nuit à l'ensemble ; comme science, c'est possible, mais certainement non comme vérité. Si le ministre à figure rebarbative n'empêche pas certains sourires sur quelques mines éveillées, que serait-ce donc si c'était un bonhomme jovial, à face réjouie ? Des auditeurs, il ne resterait plus que les vieux ; les jeunes iraient à la danse. Le *Prêche* est un des beaux tableaux de l'Exposition.

Nous avons vu deux jolies aquarelles de M. Scholander. Ce sont des prodiges de patience, et elles sont en outre d'une couleur très fine.

Suisse. — Villes anséatiques. — Wurtemberg. — Sardaigne. — Deux-Siciles. — États pontificaux. — Espagne. — États-unis d'Amérique.

J'ai toujours entendu vanter la Suisse comme le pays le plus riche en sites magnifiques, en beautés agrestes. Je ne puis pas plus attester ou contester *la vérité* du *Lac des Quatre-Cantons,* de M. Ulrich, ou du *Glacier de Rosenlaui,* de M. Diday, que du *Soleil de Minuit,* de M. Saal. Mais l'idée grandiose que je m'étais faite de la Suisse, je ne la retrouve ni chez M. Ulrich, ni chez M. Diday. Leurs montagnes, leurs glaciers ne m'effraient ni ne m'étonnent. La nature a, je le crois, des aspects devant lesquels la peinture est le plus souvent impuissante. Ces glaciers, ces montagnes énormes, ces torrents impétueux perdent à être emprisonnés dans un cadre de quelques pieds carrés. Il faut un talent de premier ordre pour rendre dans un petit espace la grandeur de certains sites. Le sujet était lourd à porter. MM. Ulrich et Diday ont plié sous le faix. L'*Étang de la Forêt* du premier m'a paru plus à la portée de son talent.

M. Calame, lui, m'a fait éprouver la même sensation que M. Saal. En voyant

son *Lac des Quatre-Cantons* (n.° 2043) (il a traité le même sujet que M. Ulrich),
j'ai été ému de la majestueuse grandeur qu'il a su imprimer à son œuvre, et
je me suis dit encore : Cela doit être vrai. Qu'on se voit petit près de cette
immensité sublime qui vous écrase ! mais qu'il est grand et fort le peintre
dont le pinceau peut la reproduire ! M. Calame a eu ce talent, et M. Diday,
son maître, qui a été, cette fois, surpassé par son élève, peut en être fier ; une
partie du succès lui revient toujours un peu.

VILLES ANSÉATIQUES. — WURTEMBERG.

Nous avons remarqué deux paysages de M. Kauffmann assez jolis : le *Chariot au sable*, et un effet de neige : le *Chariot au bois* (n.° 2151-2152).

Quant à M. Victor Müller, nous le retrouverons en France.

Voici un peintre tout Français par son nom et par son maître : M. Ventadour,
élève de M. Desplechin. Son *Cortége militaire aux flambeaux* est bien composé et vigoureusement rendu. Les torches portées par les cavaliers dispen-
sent la lumière d'une manière très-originale. Il y a du mouvement dans cette
foule qui est poussée, refoulée par ces soldats dont elle était venue admirer
les casques resplendissants et les beaux manteaux blancs. C'est bien la bru-
talité stupide de l'homme d'armes, dont la pensée semble avoir déserté le
cerveau pour aller se loger dans son morion ou au bout de sa hallebarde, et
qui trouve tout simple de molester le bourgeois. — M. Ventadour a beau ha-
biter Francfort, c'est un bon peintre français.

Le Wurtemberg a le *Roméo et Juliette* de M. Müller (Karl), tableau assez
heureux. — M. Müller est né à Stuttgard, c'est vrai ; son tableau est logé au
livret galerie du Wurtemberg, c'est encore vrai ; mais, lui, habite Paris, rue
Pigale, et a pour maître M. Ingres.

SARDAIGNE.

Dans les *Prisonniers de Chillon* (n.° 1919), M. Gastaldi a poussé aussi loin
que possible le sentiment dramatique. C'est poignant d'expression ; il y a là
une tête d'homme effrayante de douleur contenue ; l'enfant est désolant de
misère. — Son *Rêve de Parisina* ne vaut pas ses *Prisonniers*.

M. Peschiera (Frédéric) n'a pas été aussi heureux dans *Renaud rompant
l'enchantement d'Armide* (n.° 1923). Ce tableau n'est beau ni comme dessin,
ni comme couleur, ni comme composition. Armide et Renaud sont un groupe
assez disgracieux. En voyant Armide, dont la beauté est très-contestable, on
comprend très-bien l'empressement de Renaud à rompre le charme ; mais
en voyant Renaud, qui ressemble plus à un figurant habillé en chevalier qu'au
fougueux guerrier du Tasse, on se demande pourquoi Armide dépense tant de
coquetterie et d'enchantements pour le retenir. Pourquoi ces bustes d'en-
chanteresses emmanchés dans des troncs d'arbres ? De tous les personnages,
il n'y a qu'Armide et Renaud qui aient des jambes. — Certaines parties bien
traitées prouvent que M. Peschiera a pu se tromper, mais qu'il peut, lui aussi,
prendre sa revanche.

— Les **DEUX-SICILES** n'ont guère que des paysages de M. Frandesco et des
vaches de M. Paris (Joseph).

, — Les **états pontificaux** n'ont rien ou presque rien envoyé. L'Italie som-
meille sur ses anciens lauriers ; elle est assez riche pour se reposer quelque
temps ; il ne faudrait pas cependant qu'elle prolongeât trop sa léthargie. — Il
y a bien : la *Réconciliation des familles Montecchi et Capulet en présence des
cadavres de leurs enfants* (n.° 670) ; mais l'auteur est M. Leighton , élève de
M. Steinle de Francfort. Si le tableau est naturalisé Italien , il me fait l'effet
d'avoir une origine singulièrement anglo-allemande.

— Au contraire de l'école italienne qui est en décadence eu égard à son ancienne splendeur, l'**espagne** paraît se relever un peu. Elle sort de cette iner-
tie où l'avait plongée cette trinité qu'on nomme : Philippe II — le duc d'Albe
— l'inquisition , — trinité qui , elle aussi , ne forme qu'une seule et terrible
individualité. Aujourd'hui l'espagne respire.... elle peut penser, elle peut agir.

L'Ecole espagnole moderne a cela de particulier : c'est que, au lieu d'imiter
ses maîtres , dont elle ne serait qu'une pâle copiste , elle cherche à se créer
une voie nouvelle dans laquelle elle a déjà planté de beaux jalons ; et le meilleur est sans aucun doute le tableau de M. Ribera (n.° 618), *Origine de la famille de Los Girones.*

Le sujet de ce tableau est expliqué ainsi au livret (page 71) :
« Don Alphonse VI, vaincu à la bataille de la *Sagra de Tolède,* allait tomber
» aux mains des Arabes ; le comte don Rodrigue lui donne son cheval et reste
» lui-même prisonnier. Le comte conserva, pendant sa captivité, un morceau
» du vêtement du roi , qu'il avait coupé pendant que celui-ci sautait en selle ;
» rendu à la liberté, il le présente à don Alphonse, qui, en souvenir, lui donne
» le surnom de Giron (morceau d'étoffe). »

, C'est donc la bataille de la *Sagra de Tolède* que M. Ribera a rendue avec une
grande vigueur de dessin et de palette. Les combattants se battent véritablement, ils ne posent pas comme dans certaines batailles classiques où les guer-
riers prennent bien leur temps pour lancer leur javelot selon les règles aca-
démiques. On ne voit pas de ces bras majestueusement levés, sous lesquels on
est tenté de placer un tuteur pour leur épargner la fatigue d'une position qui
semble devoir durer éternellement. — L'action est rondement menée , très-
claire au milieu de la confusion du combat. Alphonse VI, don Rodrigue se dé-
tachent bien des autres groupes ; et, ce qui ne gâte rien, les détails d'armures,
etc., sont soignés ; — la France a passé par là ; — M. Ribera est l'élève de son
père, mais il est aussi l'élève de M. Paul Delaroche.

Le portrait de S. M. Don Francisco d'Assis (n.° 585) de M. Louis Lopez, est
plus brillant que véritablement bien peint, les détails nuisent à l'ensemble.

Les portraits de M. Frédérico Madrazo sont très-supérieurs à ce dernier.
Cet artiste peint mieux les femmes que les hommes. Il y a dans sa manière
quelque chose de frais, de coquet, de velouté très-séduisant dans une tête
de femme et qui rend impossible l'énergie qu'il veut donner à ses têtes d'hommes. Ce défaut est très-sensible dans le portrait de feu M. Posada, patriarche
des Indes (n.° 603). Ceux de M.me la duchesse de Mœdina-Cœli, de M.me la
comtesse de Robersart, de M.me la duchesse d'Albe sont de gracieuses peintures

ÉTATS-UNIS D'AMÉRIQUE.

La France a le droit de réclamer une bonne part des succès des peintres américains. Nous voyons d'abord M. William Hunt, qui est né à Brattleboro, mais qui habite Montmartre et est élève de M. Couture. Sa *Petite Fille à la fontaine* (n.° 720) est jolie, et sa *Bouquetière,* mieux traitée, a des qualités sérieuses.

Le tableau de M. Healy (George) : *Franklin plaidant la cause des colonies américaines devant Louis XVI,* est réussi. Franklin est rendu avec beaucoup d'intelligence ; c'est le représentant digne, simple, d'une nation qui a foi en son bon droit : la tête est fort belle. Louis XVI, à part un peu d'exagération dans cette physionomie qui caractérise la décadence physique des descendants de Louis XIV, est compris. C'est bien cette indécision fatale qui, de faute en faute, conduisit le malheureux roi à l'échafaud. A la droite du roi se trouvent deux personnages bien posés, un autre placé derrière Franklin a de la dignité sans raideur. Les draperies sont bien faites, trop minutieusement peut-être ; l'œil s'arrête trop longtemps sur le tapis vert et la draperie rouge. M. Healy a exposé en outre de bons portraits.

Grande-Bretagne.

L'Exposition universelle de 1855 nous a mis à même, pour la première fois, d'avoir une idée exacte de la situation de l'art en Angleterre. Les peintres anglais ont rarement exposé chez nous, nous ne connaissions leurs tableaux que par la reproduction de la gravure. On savait aussi qu'ils peignent admirablement l'aquarelle, mais quant à la peinture proprement dite, la majorité du public ne savait trop à quoi s'en tenir.

Les opinions les plus opposées se heurtaient, se croisaient sans jamais approcher de la vérité ; on n'accordait à la nation anglaise en général qu'un sentiment artistique très-médiocre, sentiment qu'on supposait incompatible avec ses préoccupations industrielles.

On sait pourtant que les Anglais, en fait d'objets d'art, sont les premiers accapareurs du monde, et leurs choix ont souvent prouvé qu'ils ne sont pas seulement des collectionneurs. Ils paient grandement leurs peintres : je pourrais citer plusieurs tableaux qu'on m'a assuré avoir été payés trente, quarante et même cinquante mille francs. Sur 376 peintures exposées, 80 seulement ne sont point vendues. Cette manière très-simple d'encourager les artistes n'existe certes dans aucun pays d'une manière aussi large.

Ce goût des arts n'est pas nouveau chez eux : la générosité dont ils font preuve aujourd'hui envers leurs nationaux, ils l'ont constamment pratiquée à l'égard des étrangers, quand ils n'avaient pas encore d'artistes indigènes, car la peinture anglaise ne date guère que du règne de Charles II. (1)

---

(1) M. Louis Desnoyers a donné un résumé aussi intéressant qu'exact de l'origine de la peinture anglaise. Au lieu de découper son article et de m'en approprier les morceaux, procédé trop souvent en usage, je renvoie le lecteur au feuilleton du *Siècle* du 1.er août 1855. E. S.

Avant cette époque, c'était à la Hollande, à l'Allemagne, à la France, à l'Italie, que les rois et les grands seigneurs de l'Angleterre empruntaient leurs œuvres d'art et leurs artistes.

Depuis Jean Gossart, dit de Maubeuge (plus connu sous le nom de Mabuse), qu'Henri VII appelait à sa cour pour lui faire peindre sa mère et ses enfants, jusqu'à Rubens à qui le duc de Buckingham offrait 100,000 florins pour quelques-uns de ses tableaux et dont Charles Ier faisait son ambassadeur dans ce long démêlé de l'Angleterre et de l'Espagne (1), les Anglais ne cessèrent d'honorer les artistes étrangers dont ils payaient le génie en gloire et en richesse.

On ne peut donc refuser à l'Angleterre le mérite d'avoir toujours protégé l'art de toutes les forces de son admiration et de ses guinées. Que la peinture anglaise soit de fraîche date, que son école ne soit pas entièrement affranchie des tâtonnements de l'enfance (quoiqu'elle possède quelques œuvres viriles), cela est certain. Chaque nation ne reçoit pas à la même heure le baptême de la science ; il a fallu de longs siècles à la peinture, depuis son inventeur le Lydien Gyges, selon Pline (2), pour arriver d'Egypte, en passant par la Grèce des Cléophante de Corinthe, des Zeuxis, des Aristide; par l'Italie des Fabius (Pictor) des Tropilius (3) à celle des Raphaël et des Michel-Ange.... Puis de là aux autres nations où elle s'acclimata successivement à des époques différentes.

Chaque peuple a son temps. La Grèce est morte, l'Italie se fait vieille; la Flandre, sans être malade, n'a plus la puissance de vie de cette grande famille flamande des Van Eyck, des Hemling, des Mabuse, des Lucas de Leyde, des Quinten Matsys, des Rubens, des Van Dyck. Mais la France est pleine de sève ; et l'Angleterre, quoiqu'initiée plus tard, semble très-disposée à prendre aussi sa place dans le domaine de l'art.

La première impression n'est pas favorable à l'Exposition anglaise. On est naturellement porté à regarder d'abord les œuvres d'une certaine dimension. A part les *Funérailles d'Harold de M. Pickersgill* (n.° 914), ses *tableaux d'histoire* sont médiocres; ils sont heureusement peu nombreux. Les Anglais n'ont pas ce génie, cette force puissante qui enfante de grandes choses. Aucun de leurs peintres ne s'est élevé à la hauteur de leurs grands poètes ; ils n'en sont encore qu'à l'esprit, au sentiment plus intime des scènes plus simples.

Qu'on me permette d'ouvrir ici une parenthèse. (Faut-il leur en vouloir beaucoup ? le *tableau d'histoire* ne commence-t-il pas, comme la tragédie, à vieillir un peu ? En bonne conscience et toute prévention à part, sont-elles toujours bien intéressantes ces grandes toiles correctes qui causent plus d'étonnement que d'émotion ? Ne vous sentez-vous pas plus *remué*, plus ému de-

---

(1) Ce fut Rubens qui conclut la paix entre l'Angleterre et l'Espagne. Charles Ier et Philippe IV lui conférèrent le titre de chevalier. Voir le beau livre de M. Alfred Michiels : *Histoire de la peinture flamande et hollandaise,* t. 4, p. 256, 262 et suivantes.

(2) .... *Gyges Lydus picturani in Egypto....* Pline lib. VII.

(3) Pline lib. XXXV. c. VII.

vant l'*évêque de Liége* de M. Delacroix que devant les *Sabines* de David et l'*Andromaque* de Guérin ? et je prends les meilleurs.

Pour certains *classiques*, le tableau de M. Delacroix n'est point, à proprement parler, un *tableau d'histoire*, il y a trop de fougue, trop de passion, trop de terreur répandue dans cette œuvre ; non, ce n'est pas un *tableau d'histoire*, ce n'est qu'une page arrachée à un roman.... Mais une page magnifique, plus grandiose peut-être que celle de l'homme de génie qui l'a écrite.

De nos jours on cherchera, je le crois, moins à rendre les faits isolés des grands hommes de Plutarque ou de M. Rollin, que les diverses phases de vie des nations, que l'histoire du cœur humain, en un mot, l'histoire de l'humanité. Franklin, ce bonhomme en frac noir qui plaide la cause de l'Amérique devant Louis XVI, m'inspire une pensée plus grande, plus sérieusement historique que ces héros enlevant les femmes de leurs voisins. Je ne vois là qu'un acte d'ignoble piraterie.— C'est un fait et rien de plus.

La manière de peindre l'histoire a changé comme celle de l'écrire. M. Rollin, Anquetil sont un peu délaissés aujourd'hui pour MM. Augustin et Amédée Thierry, Michelet, Quinet et Henri Martin. Est-ce un grand mal ?)

La parenthèse fermée revenons aux Anglais; leurs qualités principales sont un fini, une adresse d'exécution extrèmes, une science d'observation peu commune. Leurs sujets sont empreints d'une verve, d'un entrain, d'une gaîté qu'on ne rencontre que chez eux. Leurs personnages ont de l'esprit, leurs bêtes ont de l'esprit, ils ont tous de l'esprit ; ils en ont trop, car ils dépassent parfois le but, ce qui est plus dangereux que de ne pas l'atteindre.

Leur défaut capital est une couleur souvent criarde et très souvent exagérée, quand elle n'est pas nulle. Il existe peu d'exceptions. Ils ont un mérite : c'est de n'avoir suivi ni imité aucune école ; ils ne se ressemblent même pas entre eux. Chacun marche seul, sans s'inquiéter de son voisin. Il y a cependant un air de famille dans tous les tableaux anglais : le type brytannique, ce type si reconnaissable, est exprimé partout. Cela peut convenir à un épisode ayant des Anglais pour acteurs ; mais c'est un peu risqué quand la scène se passe dans la grotte de Calipso ou chez les Spartiates. Ainsi, dans le tableau de M. Eastlake (n.º 7855), le Spartiate Isadas me fait plutôt l'effet d'un Anglais solide rossant des Cosaques que d'un Spartiate *repoussant des Thébains*.

Voici une toile à laquelle il manque quelques mètres pour être un *tableau d'histoire*, car elle raconte une histoire bien touchante. Ce tableau, le *Jugement de lord W. Russell*, 1836 (n.º 821), me paraît être, sauf erreur, la plus belle œuvre de l'Angleterre. Le peintre, sir Georges Hayter, s'est élevé audessus du genre dominant à l'exposition anglaise ; il a fait preuve, non-seulement d'esprit, mais de cœur, et cela sans exagération ni dans les poses, ni dans l'arrangement de ses groupes, ni dans l'expression des figures. La composition est d'une simplicité qui n'exclut pas une certaine grandeur. D'un côté est lord Russell ; devant lui, sa femme écrit ; elle paraît prendre des notes et lui servir de conseil ; elle se tourne vers lui avec une sollicitude charmante ; dans ce mouvement, dans l'expression de cette jolie tête, il y a un dévouement plein de tendresse et de dignité. De l'autre côté sont les juges, et ils sont peints de main de maître. Dans ces figures froidement menaçantes, on lit la condamnation de lord Russell. Les costumes, les draperies, tout est soigné.

Les *Naufrageurs* (n.° 848), de M. Knigt, sont encore une œuvre qui s'éloigne du genre anglais. C'est un beau poème en trois panneaux.

« Jadis, (dit le livret), les habitants des côtes éloignées plaçaient des feux »sur les brisants pour attirer les navires en détresse, assassinaient les nau-»fragés et pillaient les navires. »

Cette toile est effrayante de vérité ; on tremble pour les naufragés en voyant ces figures sinistres éclairées par une lumière qui ajoute encore à l'horreur de la scène, tant elle est habilement disposée. A gauche, sur le premier plan, sont une femme et un nègre que M. Décamp signerait certainement, que M. Delacroix signerait peut-être.

Nous arrivons au genre purement anglais.

Le *Rendez-vous de Chasse à Ascot* (n.° 814), de M. Grant, est un véritable tour de force. Figurez-vous une quarantaine de *Riders*, de rouge habillés comme il convient à tout *Splash Fellow* qui se respecte, des Anglais pur-sang, des chevaux pur-sang, des chiens pur-sang, le tout pur-sang, jusqu'au paysage. Il y avait là plus d'éléments qu'il n'en fallait pour faire la chose la plus crue, la plus insipide du monde. M. Grant en a fait un bon tableau. Le paysage, bien anglais, n'est pas maussade ; la brume, enveloppant les lointains, répand partout une douce poésie et fait bien ressortir les premiers plans nettement accusés. Les habits rouges ne détruisent pas l'harmonie des autres tons, qui ne semblent pas se douter de ce dangereux voisinage, tant ils sont calmes et tranquilles. Les chasseurs sont bien groupés ; plusieurs sont finement touchés. Celui qui tient un fouet, deux autres qui se *donnent le bras*, celui qui se retourne sur son cheval sont naturellement posés ; ils causent avec cette gravité que les Anglais apportent dans tous les actes de la vie. Le groupe de chiens, à gauche, est digne de M. Landseer, le grand animalier de l'Angleterre.

Si M. Mulready avait une couleur plus agréable, ce serait un peintre de genre complet. Impossible de trouver une scène plus spirituelle que le *Loup et l'Agneau* (n.° 893). Ce petit garçon, tremblant de tous ses membres devant le loup, gamin plus grand et plus fort, qui, s'il ne le menace pas de le dévorer, lui promet au moins une *raclée*, ce pauvre petit diable tout effaré est charmant de frayeur. Le geste désespéré de ce coude qui se lève pour parer cette averse de coups de poings est tout à fait nature. C'est vif, plein d'esprit, bien dessiné comme toutes les autres toiles de ce peintre. Mais de couleurs, pas la moindre.

L'*Ordre d'élargissement* (n.° 886), le *Retour de la Colombe à l'arche*, de M. Millais, sont aussi deux bonnes peintures.

M. Millais a été moins heureux dans son *Ophélia* (888), malgré les éloges dont ce tableau a été l'objet. Je ne puis oublier ma première impression ; je n'y vois pas du tout un suicide, je n'aperçois rien de touchant dans cette femme couchée dans une eau violette, d'où sortent, on ne sait trop pourquoi, des mains assez raides, qu'elle semble craindre de mouiller. Les arbres d'un vert cru, les branches, les roseaux si secs, qu'on les dirait peints plutôt avec du fil de fer qu'avec une brosse, forment un amalgame de tons heurtés, un réseau de lignes du plus mauvais goût. On compterait les feuilles, on compterait les brins d'herbe. Je puis me tromper ; mais c'est, je crois, un tableau *raté*.

L'*Ophelia* de M. Redgrave (n.° 925) est meilleure sous tous les rapports. Son *Ravin des Poètes* (n.° 922), quoique trop fini, est d'un coloris plus agréable. Il y a de la lumière derrière ces arbres, sous lesquels on irait volontiers soupirer une élégie.

M. Landseer a en Angleterre une immense réputation ; il peint, du reste, fort bien les animaux. — Ses *Singes brésiliens* (n.° 856) sont un chef-d'œuvre d'adresse, de grâce, de gentillesse. Ces deux petits singes qui sont en train de manger un ananas ont l'air de comprendre qu'ils n'ont pas sous la dent un fruit vulgaire ; leur physionomie de ouistiti respire la satisfaction du fin gourmet qui a trouvé un mets digne de lui. Malheureusement cette *intention* est fréquemment poussée au-delà du vrai. L'esprit peut nuire, et les animaux de M. Landseer en ont trop ; ils manquent de naïveté, cette qualité essentielle à tous les genres de peinture, surtout à celui-ci.

M. Landseer, avec son étonnante habileté, est loin, bien loin de M. Troyon. — Les *Bœufs* de M. Troyon sont de braves bêtes qui vont au labour sans arrière-pensée ; ils n'ont pas l'air de discuter quelque grave question philosophique ; de se demander, par exemple, s'il ne serait pas juste que l'homme, qui les attelle tous les jours à la charrue, y fût aussi un peu attelé à son tour ; ce sont de bonnes créatures à esprit plus court que les cornes, qui marchent comme elles ont marché hier, comme elles marcheront demain.

Les animaux de M. Landseer ne sont pas tout à fait des bêtes, ou plutôt sont plus que des bêtes, ils font songer à la Métempsicose. On croit entrevoir quelque âme condamnée à vivre qui dans un chien, qui dans un âne.... etc.

Jack en faction (n.° 859), couché sur une table pour défendre des morceaux appétissants convoités par d'autres chiens, est bien dans son rôle ; les autres paraissent moins chercher à s'approprier un os, qu'à trouver la raison sociale et humanitaire qui donne trop à un seul, tandis qu'eux sont forcés de jeûner.

Il est bon de répandre de la poésie dans un sujet ; mais il faut que le sujet y prête ; elle est mieux adaptée au *Sanctuaire* (n.° 857).

Ce cerf qui, au milieu d'un étang, s'arrête inquiet en entendant les aboiements lointains de la meute, est une œuvre empreinte de sentiment vrai et tout à fait opportun. Là, la poésie est à sa place. L'inquiétude de l'animal a quelque chose de touchant ; à son regard empreint d'une tristesse prématurée, on voit qu'il pressent déjà le sort qui l'attend. Je lisais, il y a quelques jours, ces lignes charmantes de M. de Lamartine. Le grand poète venait de tuer un chevreuil.... mais je laisse parler M. de Lamartine :

« ...... Quand la fumée du coup fut dissipée, je m'approchai en pâlissant et en frémissant de mon crime. Le pauvre animal n'était pas mort ; il me regardait, la tête couchée sur l'herbe, avec des yeux où nageaient des larmes. Je n'oublierai jamais ce regard auquel l'étonnement, la douleur, la mort inattendue semblaient donner des profondeurs humaines de sentiment, aussi intelligibles que des paroles, car l'œil a sa langue, surtout quand il s'éteint. Le regard me disait clairement, avec un déchirant reproche de ma cruauté gratuite : «Qui es-tu? Je ne te connais pas, je ne t'ai jamais offensé. Je t'aurais aimé »peut-être. Pourquoi m'as-tu frappé de mort? Pourquoi m'as-tu ravi ma part »de ciel, de lumière, d'air, de jeunesse, de joie, de vie? Que vont devenir ma »mère, mes frères, ma compagne, mes petits, qui m'attendent dans le fourré, »et qui ne verront que ces touffes de mon poil disséminé par le coup de feu et »ces gouttes de mon sang sur la neige? N'y a-t-il pas là-haut un vengeur pour »moi et un juge pour toi? Et cependant je t'accuse, mais je te pardonne. Il »n'y a pas de colère dans mes yeux, tant ma nature est douce, même contre »mon assassin ; il n'y a que de l'étonnement, de la douleur, des larmes.... » (*Siècle* du 14 octobre 1855.)

M. Landseer pouvait, dans son *Sanctuaire*, faire de la poésie tout à son aise. Le peintre m'a rappelé le poète, c'est le plus bel éloge qu'on puisse faire de ce tableau.

Quand nous aurons cité le *Jeu du Ballon*, de M. Webster (n.° 955), les portraits de M. Gordon, nous aurons, je pense, passé en revue les œuvres les plus remarquables de l'exposition anglaise.

Les paysagistes anglais sont inférieurs à leurs peintres de *genre*. Leur manière minutieuse, tolérable dans un *intérieur*, les fourvoie dans le paysage qui exige plus d'ampleur.

Le *Chariot sortant des Forêts*, de M. Linnel (n. 872), est plus joli que beau et d'un ton trop constamment jaune ; la *Récolte de l'Orge* (n.° 873) a un ciel où le jaune, le rouge et le violet se querellent sans pouvoir s'accorder ; son *Chemin dans les Montagnes* (n.° 874) est d'un coloris plus sage.

Nous citerons encore :

Une *Chaumière* (montagnes d'Écosse), de M. Intsum. C'est une bonne étude.

Le *Passage d'un Ruisseau* (n. 915), de M. Poole. Frais, gentil, sans fermeté.

Le *Fort Tilburg* (n.° 941), de M. Stanfield. Eaux transparentes et pleines de mouvement.

Plusieurs aquarelles très-belles.

Brigands portant à Benvenuto Cellini un de ses ouvrages pour en faire l'estimation, de M. Cattermole (n.° 982).

Place d'Armes de Lille, vue prise de la place du Théâtre, de M. Callow (n.° 971).

Le *Coucher du Soleil*, de M. Duncan (n.° 990).

Lièvre et Chamois, de M. Hunt (n.° 1037).

Le Harem d'un Bey, de M. Lewis (n.° 1047).

Je ne parle pas des gravures. Comme elles sont moins nombreuses que les peintures, le lecteur peut les voir toutes. Je ne me suis déjà que trop exposé au reproche qu'on m'adressera sans doute de faire de ce compte-rendu un catalogue. J'avoue que, voulant signaler au lecteur les plus belles d'entre les cinq mille et quelques œuvres de l'Exposition, je n'ai pas trouvé d'autre moyen que d'en citer quelques-unes.

Des observations générales sur chaque école, sur chaque nation, sans entrer dans plus de détails, ont certainement leur mérite, et quelques critiques de talent ont ainsi rendu compte de l'Exposition avec succès ; mais j'ai cru qu'il pouvait être intéressant de joindre à *l'histoire* des écoles les noms des peintres, les sujets des œuvres principales qui ont servi de bases pour l'établir.

Pays-Bas. — Belgique.

Les Pays-Bas n'offrent rien de très-remarquable, il ont pourtant quelques bons paysages. Du reste, la Hollande et la Belgique ont été le berceau du paysage proprement dit, comme Van Eyck en a été le père, et Hemling et Schoreel les parrains.

C'est dans ce dernier genre que les *Flamands* ont le mieux conservé leurs anciennes traditions.

Le *Blé mûr* (n. 1541) de M. Dubourcq, est une bonne étude. J'aurais mieux aimé un ciel moins violet ; mais il en est des ciels comme des eaux, ils présentent dans le Nord des aspects si bizarres, qu'on ne peut dire qu'un ciel *n'est pas naturel* ; il faut seulement savoir choisir les effets. Le blé est vrai et a de la consistance.

La *Vue de Harlem*, de M. Hendricks (n.° 1554), a des lointains vaporeux et pleins de lumière.

Le *Paysage hollandais* de M. Maerten (n.° 1577), est d'un vert bleuâtre très-cru.

Un des meilleurs est, je crois, le *Navire échouant sur les côtes d'Angleterre*, de M. Louis Mayer (n.° 1581).

La BELGIQUE marche immédiatement après la France, et quoique son meilleur peintre d'histoire, M. Gallait, n'ait rien exposé, elle a quelques tableaux dignes de prendre place près des plus beaux de l'exposition française. M. Gallait a peut-être eu tort de s'abstenir. Il a donné matière, par cette abstention, à des conjectures malveillantes qui ne manquent jamais de dénaturer les actes les plus simples des artistes de valeur. On verra là un orgueil ou une timidité exagérée. Pour nous, nous n'y voyons qu'un de ces caprices d'artistes qu'il faut respecter sans chercher à les comprendre. Le talent a ses instants d'activité et de paresse, ou plutôt de recueillement. On ne commande pas à l'inspiration, on ne peut avoir du génie à heure fixe. M. Gallait était peut-être dans un de ces moments de vague rêverie qui voient l'incubation, non l'éclosion d'un chef-d'œuvre. S'il pense ainsi, on doit le louer d'avoir su résister à l'espoir d'un succès probable. Il a privé la Belgique d'un rude champion dans cette lutte artistique de toutes les nations, et l'Exposition d'un bon tableau.

Heureusement, pendant qu'Achille restait dans sa tente (comme on eut dit il y a quarante ans), un autre prenait bravement sa place dans la lice. Plus heureux que Patrocle, il n'aura pas besoin de vengeur. Il est revenu du combat parfaitement intact, et, je ne puis me dispenser d'ajouter : *chargé de lauriers*, moins pour terminer dignement la comparaison très-prétentieuse dans laquelle je me suis imprudemment embarqué, que pour rendre hommage à la vérité.

Cet artiste, le plus fort de tous les exposants belges, est M. Leys. Il a exposé trois tableaux : la *Promenade hors des murs* (n.° 362), le *Nouvel An en Flandre* (n.° 363) et les *Trentaines de Bertal de Haze* (n.° 361).

Ne pouvant analyser toutes les œuvres de chaque artiste, je choisis ce dernier tableau, qui m'a paru le meilleur des trois.

Le sujet est simple : « L'étainier Bertal de Haze (dit le livret), chef du Serment de l'ancienne arbalète, décédé en 1521, légua à l'église de Notre-Dame son attirail de guerre, savoir : son meilleur corselet, son morion, son gorgerin, son arbalète, son carquois avec les flèches et son couteau recourbé, pour que le tout y fut appendu dans la chapelle du Serment après la trentaine. »

Quelques bons bourgeois priant dans une église, les pièces d'armures citées plus haut, voilà les seuls éléments d'une des plus belles œuvres de l'Exposition. Outre une pureté de lignes irréprochables, une grande richesse de coloris, il y règne *une couleur locale* digne d'un maître. M. Leys a su retrouver la naïveté, la physionomie particulière des personnages du temps, physionomie perdue aujourd'hui. Ces bonnes gens qui prient, sont véritablement des types de l'époque qu'il a voulu peindre et non quelque bedeau, quelque *modèle* de 1855 déguisé en bourgeois de 1512. L'harmonie savante des tons, ces ombres transparentes, ces lumières douces rappellent les premiers flamands. Dans cette peinture, on ne voit aucune de ces transitions brusques assez communes dans plus d'un tableau moderne, aucune de ces *taches* qui indiquent presque combien de séances il a coûtées au peintre. Le tableau de M. Leys paraît avoir été peint du premier coup, supposition impossible, quand on voit combien il est soigné, fini dans les moindres détails. En changeant l'*imparfait* en *présent*, on pourrait lui appliquer ces lignes, extraites d'un des meilleurs ouvrages qui aient été publiés sur la peinture : (1)

« Ses tendances *étaient* presque uniquement objectives, ou, si l'on aime mieux, il reproduisait les formes du monde extérieur avec une fidélité scrupuleuse. L'inspiration lui venait du dehors et ne jaillissait point toute brûlante du fond de son âme. Il copiait lentement, patiemment le réel, sans lui faire subir d'altération, pour le mettre en harmonie avec un idéal intérieur. Son esprit ne cherchait point dans le domaine illimité du beau des formes surnaturelles....

. . . .

(1) *Histoire de la Peinture flamande et hollandaise*, par M. Alfred Michiels, tome II. Pages 108, 109.

»Aussi, dans les objets qu'il peint, nul trait ne semble-t-il lui échapper ; il remarque, il saisit les moindres circonstances : l'âge, l'état, les passions, la nature de la peau, tous les détails de la physionomie sont habilement rendus. Ses personnages ont d'ailleurs une parfaite naïveté de pose, de gestes, d'expression, *rien de conventionnel, de théâtral, d'exécuté en vue du public, ils agissent, ils sentent pour eux-mêmes* et se livrent tout entier au fait qui les occupe....»

C'est Jean Van-Eyck que M. Michiels juge ainsi.

Ce rapprochement entre le premier maître de l'école flamande et M. Leys n'est pas le résultat d'un engouement passager, c'est après un mûr examen que j'ai formulé mon opinion qui ne peut avoir de contradicteur sérieux. Je ne suis pas seul de mon avis.

Le *Judas errant pendant la nuit de la condamnation du Christ* (n.° 427), de M. Thomas (Alexandre), est un bon tableau d'histoire ; l'idée est fort belle, une des plus dramatiques qu'on puisse trouver ; mais l'idée trouvée, il faut la rendre. Certains sujets *obligent.*

Judas, après sa trahison, erre la nuit, poursuivi par le remords, ce châtiment terrible qui s'attache, qui se cramponne au coupable et *galoppe avec lui,* comme les démons des légendes. Le traître court comme un insensé, il s'arrête effrayé devant un groupe qui lui rappelle pour ainsi dire physiquement son crime. Il a failli trébucher contre la croix que deux ouvriers confectionnent.

Ces deux charpentiers, à figures ignobles, ces deux instruments plus passifs que la hache, le rabot et les clous destinés à façonner ces morceaux de bois, auxquels va être attaché le germe d'une ère de liberté et d'émancipation, se sont endormis sur leur travail. Il est lourd à remuer ce bois qui doit porter un monde nouveau.

Ces deux figures, éclairées par un feu brillant, sont très-vraies d'expression ; celle de gauche surtout, dont le front, couvert de sueur, tombe naturellement entre des mains qui semblent trop fatiguées pour le soutenir. L'effet de lumière est hardi, trop hardi peut-être ; on y retrouve des tons souvent forcés de l'*école d'Anvers.*

Judas est moins bien rendu. Il y a moins de remords que de frayeur dans sa physionomie, dans sa pose. Cette bourse qu'il tient encore à la main, cette bourse, fruit de sa lâche cupidité, il devrait plutôt la jeter et la fouler aux pieds. Il a vécu avec Jésus, il doit savoir qu'il eût pardonné au repentir. Cette idée, traitée ainsi, aurait peut-être eu une allure plus véritablement grande. Tel qu'il est, et à part un léger défaut de perspective, ce tableau est très-beau, un des bons de l'exposition belge.

M. Alfred Stevens a exposé six belles toiles (du n.° 407 au n.° 412). — Le n.° 407, *ce qu'on appelle le Vagabondage,* est encore un de ces tableaux *d'histoire intime,* qui valent mieux que beaucoup de tableaux *d'histoire officielle.* C'est un *tableau de genre,* si vous le voulez, — soit ; — mais ce genre-là m'émeut et m'impressionne. Il renferme une idée, une bonne pensée ; elles sont rares.

Des soldats ont arrêté une femme qui, n'ayant pu trouver de gîte pour elle et pour ses enfants, s'était probablement réfugiée sous un porche, où elle avait cherché un petit coin sans neige pour passer la nuit ; délit. — Les voleurs trouvent toujours à se coucher, les pauvres honteux ne trouvent pas toujours un refuge, faute d'oser le demander ou de savoir le prendre. Ils sont conduits au *violon....* C'est le sort de cette pauvre femme qui, tirant après soi un petit garçon tout en pleurs, respire le désespoir et la misère. Les soldats qui les conduisent ne peuvent se défendre d'une certaine pitié, l'un d'eux qui se retourne, en voyant une jeune femme élégamment vêtue offrir sa bourse à la malheureuse, semble, malgré l'air farouche qu'il affecte, ne pas être fâché de voir s'ouvrir pour la prisonnière une chance d'*être relâchée.* Peut-être ne voit-il là que l'avantage de n'être pas obligé de la conduire plus loin, celui non moins précieux de retourner plus vite près du poêle chaud du corps-de-garde et de reprendre la partie de drogue interrompue.... Mais ne remuons pas trop les mystères du cœur humain. — La meilleure figure de ce tableau est, ce me semble, celle de l'ouvrier. En allant à son travail, car le jour commence à peine, il rencontre le triste cortége, il cherche son obole dans tous les coins de sa poche ; il va peut-être donner le salaire de cette journée de travail, peu lui importe. La pauvre femme n'ira pas au *violon.* — Son mouvement est d'un naturel parfaitement compris.

Cette composition, charmante comme idée, pêche aussi par l'exécution ; en général, elle manque d'air. Les personnages du premier plan sont trop adhérents au mur du fond. La borne est plate ; elle *ne tourne pas.* La neige qui en couvre le sommet la fait ressembler à un pain de sucre dont on a enlevé l'enveloppe à l'extrémité. Ces critiques de détail n'enlèvent rien à la valeur du tableau. M. Stevens a assez de talent pour qu'on ne lui passe pas la moindre négligence.

M. Joseph Stevens est un peintre d'animaux de premier ordre. Ses bêtes ont la qualité qui manque un peu à celles de M. Landseer : la naïveté. Ses chiens sont de vrais chiens, qui ont le cachet de leur race, mais rien de plus. On ne saurait trop insister sur ce point : ne pas dépasser le but est une des conditions essentielles à l'art. M. Stevens dessine admirablement. Sous le poil de ses animaux, il y a de la chair ; sous cette chair, des os, et dans le tout, la vie. Son coloris est à la hauteur de son dessin. Il peint largement sans ces artifices de palette avec lesquels on peut enlever les suffrages d'une coterie, mais non ceux de véritables juges. Un *Episode du Marché aux Chiens à Paris* (n.° 413), est un tableau digne de nos maîtres français. Dans cette réunion de chiens de différentes espèces, le peintre n'a fait que ce qu'il a voulu faire : un marché aux chiens. C'est vrai, c'est simple. Dans ce caniche qui tourne sa tête intelligente vers la vieille femme, on ne voit pas de ces intentions exagérées dont nous avons parlé plus haut. C'est un chien honnête, dévoué, fidèle, comme il en faut à une portière dont il égaie la loge ; qui aboiera au coup de marteau, mais qui ne tirera pas le cordon lui-même. Dieu merci ! ce n'est point un chien savant. Les chiens de chasse, les chiens de dame sont des animaux d'une race plus fine, mais non des grands seigneurs dont la morgue aristocratique est froissée du voisinage de ce dogue, prolétaire qui leur inspire plus de crainte que de mépris. S'ils ont l'air d'être dépaysés, c'est qu'ils ne retrouvent là ni leur chenil élégant, ni leur pâtée. C'est une question de confortable et de friandise. Le n.° 414, un *Métier de Chiens*, est d'une très belle couleur. En voyant ces animaux couchés près de la charrette qu'on les a condamnés à traîner, malgré la loi Grammont, un sergent de ville serait tenté de *dresser procès-verbal*. *L'Intrus* (n.° 415), n'est pas moins beau. Ce chien qui passe près cette chatte allaitant son petit est délicieux de vérité. Tout en la regardant avec un certain mépris, il n'oublie pas que, sous cette patte veloutée, se cachent des griffes aiguës. Il y a dans ce tableau un effet de lumière que ne désavoueraient pas nos plus forts coloristes. La *Bonne Mère* (n.° 417), le *Philosophe sans le savoir* (n.° 418), sont des œuvres dans lesquelles on signalerait difficilement une partie faible.

La *Fête au Château*, de M. Madou (n.° 369), me paraît mieux réussie que les *Trouble-Fête* du même peintre. Ces braves gens s'amusent sous les yeux du seigneur, qui ne s'amuse pas moins. Tout cela mange, boit, chante comme on mange, comme on boit en Flandre, copieusement, franchement, bruyamment.

La *Toilette du Coquillard et du Malingreux* (n.° 371), de M. Mathysen (Jean), est une bonne étude de la cour des miracles.

La *Promenade*, de M. Degroux (n.° 186), serait un bon tableau s'il n'était pas resté à l'état d'ébauche. Il est bon de ne pas *lécher*, mais encore faut-il faire plus qu'indiquer les figures, surtout dans une petite toile. Dans cette scène, très jolie d'idée, on pourrait exiger une exécution plus ferme.

Ce jeune prêtre qui se promène près d'un champ de blé avec un vieux pasteur, dont il semble écouter avec impatience les exhortations, est rendu avec esprit. Il regarde d'un œil envieux un couple amoureux glissant sous le feuillage et dont le *tendre langage*, les *serments d'usage*, comme dit le bonhomme Girot dans le *Pré-aux-Clercs*, troublent fort le séminariste. Au lieu de ce beau blé mûr, il voudrait rencontrer des orties pour y jeter sa soutane. Ce tableau *est bien senti*, mais avait besoin d'*être plus fait*.

Les Belges ont de très bons paysages.

Les *Souvenirs de Flandre*, de M. Pieron (n.°˙ 381, 382), ne valent pas un Troyon ou un Théodore Rousseau, mais sont à la hauteur de nos bons paysages.

Le *Campine* (393), de M. Louis Robe, est une très belle œuvre; les bestiaux y sont traités largement et très bien dessinés; le paysage est soigneusement étudié.

Une *Gravière abandonnée*, (n.° 190), de M. Knyff, est d'une vérité, d'un réalisme de bon goût qu'on ne saurait trop louer,

L'espace nous manque pour rendre compte comme il le faudrait de plusieurs tableaux belges qui méritent une mention particulière. Ce compte-rendu est trop long pour le lecteur, trop court pour les artistes auxquels nous aurions voulu faire une plus large part. Combien d'œuvres omises! On me pardonnera en songeant à la difficulté qu'offrait un travail de ce genre. Il ne serait complet que si l'on réunissait tout ce qui a été écrit sur l'*Exposition des Beaux-Arts*, car un seul individu ne peut tout voir; ce qui échappe à l'un, un autre le remarque. Ce serait un livre curieux à éditer, mais un travail de bénédictin. — Qui l'entreprendra ?

Pour terminer avec la Belgique, nous nous bornerons donc à une simple mention, et nous citerons :

Le n.° 355. *Intérieur de forêt*, de M. Kuhnar.

Les n.°˚ 323 et 325. *Pêcheurs de la côte de Kerry, en Irlande; — Entrée du port de Calais*, de M. Francia, Alexandre.

401. *Benvenuto Cellini*, de M. de Senezcourt (né à Saint-Omer).

428. *Convoi de chevaux flamands*, de M. T'Schaggeny.

453. *Bergerie campinoise*, de M. Verbockhoven (de Warnêton).

Quelques bons portraits, entre autres celui de M.ᵐᵉ Volnys, de M. Alexis Fay.
Celui de M. C..., en costume d'assaut, de M. Stapleaux.

Ce portrait est une bonne peinture. Avec un costume présque entièrement blanc, M. Stappleaux a su faire une chose harmonieuse. Un plastron, des gants, un fleuret sont des ustensiles très-commodes à manier pour un maître d'armes, mais beaucoup moins commodes pour l'artiste qui doit les peindre.

France.

UN MOT SUR L'ÉCOLE FRANÇAISE EN GÉNÉRAL.

La France ! Ce nom évoque toujours une idée de supériorité intellectuelle. Les autres peuples qui, depuis des siècles, jettent sur notre belle France un œil envieux, la jalousent, la calomnient bien un peu.... mais ils l'aiment.... mais ils la suivent.... Le bruit que font ses grandes ailes dans son vol puissant, dans sa marche incessante vers les hauteurs de l'intelligence humaine les effraie un instant.... mais ils sont entraînés par une force irrésistible.... Tous s'élancent sur ses traces et viennent prendre leur part de cette lumière splendide dont elle éclaire le monde.

L'Exposition universelle, marchant de pair avec la guerre d'Orient, prouve que rien ne peut l'arrêter dans son essor. Un homme imbu des idées d'un autre âge et effrayé des propriétés absorbantes de celles de la France, a tenté d'entraver sa marche en soulevant une guerre injuste. Le peuple de cet homme, pauvre bête de somme abrutie par le knout et le fanatisme, cédant peut-être aussi à cet instinct naturel des hommes du Nord qui les pousse vers des régions plus tempérées, soutient énergiquement son maître. — La lutte devait être terrible. — Un peuple allait disparaître, la France a tourné un instant les yeux vers l'Orient; oubliant une haine séculaire, elle a tendu la main à sa vieille ennemie l'Angleterre. Elle a dit à quelques-uns de ses enfants : « Allez là-bas relever un peuple à l'agonie.... » Et ses soldats sont partis en chantant un de ces refrains qu'ils trouvent toujours pour aller vaincre ou pour aller mourir.

La France était désormais tranquille. Son drapeau la représentait : il devait voir, devant lui, s'incliner les hommes et s'écrouler les murailles; un peu sans doute parce qu'il était appuyé par bon nombre de boulets de canon, mais beaucoup parce qu'il portait une idée. N'en déplaise à certains sceptiques, les idées sont plus fortes que les boulets de canon.

La France, parfaitement en repos de ce côté-là, reprit ses travaux un instant interrompus, comme s'il n'y avait pas le moindre Russe sur terre. Elle dit encore à ses enfants : « Une lutte va s'ouvrir, lutte toute pacifique, aussi sublime que l'autre; là aussi il y a une gloire véritable, solide à conquérir. Vous, ouvriers de l'industrie cette preuve vivante des progrès de la science moderne ; vous autres, mes enfants gâtés : mes peintres, mes sculpteurs, mes poètes, vous tous ouvriers de la pensée, entrez dans l'arène forts et vaillants, et faites que je sois toujours la première entre les nations ! »

Ils ont entendu les vœux de la France. — A *l'Industrie,* elle est loin d'être éclipsée par ses rivales. Aux *Beaux-Arts,* elle dépasse les autres de plusieurs coudées.

Cela reconnu, admis, je ne pousserai pas le patriotisme jusqu'à dissimuler les côtés faibles de l'école française. Elle doit sa supériorité plutôt à quelques grands artistes qu'à la majorité de son école, qui manque d'unité, il faut bien le dire. Je ne crois pas qu'aucune nation, dans n'importe quel genre, ait des peintres de la valeur de MM. Ingres, Delacroix, Decamps, Vernet, Troyon, Théodore Rousseau, Meissonnier ; mais après ces grands noms, et d'autres que j'oublie sans doute, le niveau s'établit.

Nous n'avons plus cette foi, cette communion d'idées des grandes écoles flamandes et italiennes. Ces écoles avaient peut-être un inconvénient : celui de faire suivre une même route à tous leurs adeptes; elles avaient l'avantage de toute réunion d'un grand nombre d'individus. Chacun apportait sa part de science et d'études. — Puis, arrivait un homme de génie qui réunissait ces divers éléments accumulés lentement ; qui, nouveau Prométhée, jetait une étincelle de vie à cette statue patiemment.... et savamment élevée. — Cet homme se nommait ou Raphaël, ou Michel-Ange, ou Titien, ou Rubens.

La France n'a plus de ces grandes écoles (si elle en a jamais eu de semblables), chacun marche à peu près seul, ou ce qui est plus funeste, escorté d'amis maladroits, chargés de défendre, de propager des idées en dehors desquelles il n'y a plus de salut. Il n'y a plus d'écoles, mais il y a énormément de coteries. De là beaucoup d'erreurs, où un grand nombre d'hommes de talent restent embourbés. Ils craignent, en sortant de leur cercle, de mécontenter ceux auxquels ils doivent ces demi-succès que la *camaraderie* leur assure tant bien que mal.

On ne peut se figurer jusqu'où ces coteries, composées pourtant d'hommes intelligents, poussent *le parti pris, l'exagération* et, par suite, l'aberration dans leurs jugements. Hors de leurs idées, tout est faux, tout est absolument mauvais. Dans une réunion ingriste, vous entendrez quelquefois des peintres traiter M. Delacroix de barbouilleur ; les partisans de ce dernier ne verront dans les peintures de M. Ingres que des grisailles...., et ainsi de suite pour chaque parti ; il n'y a qu'un seul peintre au monde, celui qu'il a adopté. Comme ce peintre préféré n'est pas toujours M. Ingres ou M. Delacroix, qu'il n'a pas en lui-même assez de puissance pour faire à lui seul une école sérieuse, ses admirateurs exclusifs se privent ainsi des enseignements qu'ils pourraient puiser *chez un maître* ; car, on a beau dire, un peintre ne peut se former entièremrnt seul ; ne pas profiter des connaissances acquises par plusieurs générations, c'est tomber dans une orgueilleuse et maladroite folie, c'est retourner à l'enfance de l'art. Cette manie tendra cependant chaque jour à diminuer.

L'art en France est, je le crois, à une époque de transition. Il existe aujourd'hui une classe d'artistes, encore peu nombreuse malheureusement, qui, après avoir appris à fond la partie matérielle de l'art, *le métier*, s'éloigne de tout système, veut marcher sans lisières et cherche à amener la peinture aux idées philosophiques et littéraires du temps. Il est presque puéril de parler de l'influence de la littérature, elle a toujours existé.

Sans remonter plus haut que le 18.ᵉ siècle, qui fut le siècle de la philosophie, non celui des arts : Vanloo, Lencret, Vien, Boucher, Watteau n'étaient que des hommes d'esprit comme Destouche, Lesage, Beaumarchais et Dorat ; que les uns aient vécu avant ou après les autres, à quelques années près, ils représentent toujours l'esprit de la peinture et de la littérature du temps. La philosophie n'avait pas encore pu s'identifier avec la peinture.

Il y eut bien David, qui, par le culte, exagéré peut-être, de l'antiquité, imprima à l'art un cachet plus grandiose ; mais ne se ressent-il pas aussi de la *tragédie* de l'époque, qui était le plus souvent (même les plus belles œuvres) quelque chose de monotone, de guindé et de routinier ?.... Grâce à mille entraves, à des règles invariablement suivies, une tragédie ressemblait à toutes les tragédies. C'était un même personnage, taillé sur le même modèle, les habits seuls changeaient.

La peinture a eu, comme la littérature, sa grande querelle des classiques et des romantiques. De 1820 à 1830, le combat fut acharné : Prudhon et Géricault servent de transition entre David et M. Delacroix, comme Casimir Delavigne entre Racine et M. Victor Hugo. Ce sont les mêmes tentatives de rénovation, les mêmes aspirations vers un but plus simplement grand, plus vrai. On n'arrive pas d'un premier bond à une révolution complète : il y a bien des tours et des détours à faire avant de trouver le bon chemin. Quelques artistes français l'ont trouvé, beaucoup d'autres n'en sont pas loin, l'expérience y ramènera ceux qui se sont involontairement ou volontairement égarés. Les dissidences de ces derniers empêchent cette unité dont manque l'école française, elle l'obtiendra quand elle sera délivrée des systèmes, des *coteries* dont j'ai parlé, et sur lesquels j'ai insisté, parce que trop d'artistes tombent dans ce travers.

M. Ingres. — M. Eugène Delacroix.

On n'a jamais contesté, on a beaucoup discuté le talent de M. Ingres ; il est d'usage de le comparer à M. Delacroix, et de faire à ce propos une dissertation savante sur *le dessin* et *la couleur*, sur Albert Durer et Titien, etc. Je ne vois pas trop à quoi servent ces comparaisons, si ce n'est à placer le chapitre en question sur *les coloristes*, ou à donner la supériorité à celui des deux artistes qui inspire à l'auteur le plus de sympathie.

Il y a peut-être de l'outrecuidance à juger un homme qui, pendant cinquante ans, a laborieusement cherché tous les secrets de l'art, qui n'a pas donné un coup de crayon, un coup de brosse, sans s'être rendu compte du moindre trait, qui a poursuivi la perfection jusqu'aux dernières limites du possible. Le critique, s'il n'est pas lui-même un vétéran blanchi dans les grandes luttes artistiques, ou un tout jeune homme ayant encore la confiante témérité de ses vingt ans, doit être très-embarrassé. Il faut plus de sérieux pour juger M. Ingres que pour juger d'autres peintres, parce qu'il s'adresse beaucoup plus à la *science* qu'à l'imagination. Pour ma part, je hasarderai seulement quelques observations.

Les adversaires de M. Ingres lui accordent un dessin correct, de grandes et belles lignes, comme dans le pape *Pie VII tenant chapelle* (N.° 3,341), composition pleine de grandeur (et d'une rare harmonie de couleur, qui plus est), comme dans la *Vénus anadyomène* et l'*Homère déifié* ; ils lui refusent l'inspiration, le sentiment, la couleur.

Le Vœu de Louis XIII est empreint cependant d'un sentiment religieux bien entendu. A l'Exposition, il n'y a guères de peintures religieuses qui lui soient comparables.

On avait toujours reproché à M. Ingres de n'aborder que des sujets sévères, calmes, et d'éviter tout ce qui exige une plus grande fougue, une plus grande vigueur de dessin. Il fit le *Martyre de Saint-Symphorien*.

Cette composition s'éloigne de sa manière habituelle ; elle prouve que son talent pouvait s'adapter à des scènes plus animées, à l'expression de passions plus violentes. Cette foule, dont la place de l'*exécution* est couverte, se remue, s'agite et parcourt toutes les gammes de cette attente cruelle qui précède le supplice d'un martyr. Saint-Symphorien est d'un beau style. Son visage, sur lequel descend une inspiration divine, respire un courage tranquille, une angélique résignation. Il voit moins les licteurs et les apprêts de son supplice que le ciel dont les portes vont s'ouvrir devant lui. Jamais, peut-être, M. Ingres ne s'était élevé à une telle hauteur de conception et d'exécution.

Ce tableau souleva tant et de si acerbes critiques que l'artiste, froissé, resta pendant vingt ans éloigné du public, et ces critiques furent au moins étranges : elles attaquèrent la pureté de son dessin. La mère du saint, qui se penche entre les créneaux de la muraille, a de l'exagération dans la pose ; c'est même faux comme perspective ; mais M. Ingres le sait bien, et ses adversaires savent aussi que l'exagération d'un geste est quelque fois nécessaire pour ajouter à l'expression. Ils le savent d'autant mieux que cela sert souvent d'excuse aux incorrections qu'on leur reproche. Parlerai-je de la fameuse omoplate du licteur dont on a tant et tant parlé ? Elle est loin d'être vraie ; c'est encore une de ces fautes évidemment volontaires. Si M. Ingres eut été *coloriste*, on n'eut point songé à lui chercher ainsi chicane pour si peu ; on eut trouvé ces défauts excusables.

Parce qu'il est sorti de sa sévérité de lignes habituelles , on lui en a fait un crime. On a eu tort : le *Saint-Symphorien* montre qu'il eut été un peintre plus sympathique, plus *agréable*, si une volonté bien arrêtée, peut-être aussi les critiques dont il a été l'objet, ne l'avaient retenu dans les traditions de la statuaire grecque et des maîtres du 15.ᵉ siècle. Ce culte constant , cet amour presque exclusif pour cette époque, donne à ses œuvres une apparence souvent terne et froide et les fait ressembler parfois aux miniatures des manuscrits du 14.ᵉ siècle. Tels sont : *Jean Pastourel, Francesca di Rimini*, ses cartons de vitraux (bien supérieurs à ces deux dernières compositions) , et dont deux des plus beaux sont reproduits en tapisserie et appartiennent à l'église de Notre-Dame, à Tourcoing.

Je préfère de beaucoup M. Ingres quand il laisse un instant la Grèce et la Renaissance pour la *nature vraie*, quand il peint un de ces beaux portraits de M.me la comtesse H., de M.me la princesse de B.

Dans toute notre école moderne, trouverait-on beaucoup de portraits comme ceux de M. Bertin aîné, de M. Molé ? En trouverait-on même un seul ? Sur ce terrain, il n'a pas de rival à craindre.

La couleur de M. Ingres est, dit-on, terne, ses compositions souvent froides. C'est possible ; mais M. Ingres est un maître — et un maître d'un grand style. — On l'admire, on l'étudie, on l'estime peut-être plus qu'on ne l'aime ; il est plus utile aux artistes qu'agréable au public. Tant mieux pour l'art, tant pis pour le public.

Que je me sens bien plus à l'aise avec M. Delacroix ! l'émotion ne se fait pas attendre devant ses tableaux ; ils vous saisissent, ils vous attirent, ils absorbent tous vos sens ; les yeux, l'esprit, le cœur, tout est pris, et cela subitement comme sous une commotion électrique. Le sujet vous pénètre ; on pleure avec le *Prisonnier de Chillon* ; on s'attendrit avec le *Tasse en prison* ; on frissonne devant cette *Médée furieuse*, Quelle énergie ! quelle couleur ! quelle expression ! quel naturel dans la pose de cette mère, de ces enfants ! Le musée de Lille a certainement l'un des plus beaux tableaux de M. Delacroix. En homme de génie qu'il est, il va, sans transition, d'un genre à l'autre : d'une douceur mélancolique à la plus fougueuse énergie : de *Roméo et Juliette*, du *Christ au jardin des Oliviers*, de la *Madeleine dans le Désert*, de *Marc-Aurèle mourant*, de *l'Empereur Justinien composant ses Lois*, à la prise de *Constantinople par les Croisés*, à la *bataille de Nancy* , à *Marino Faliero*, aux *deux Foscari*, aux *Convulsionnaires de Tanger*, à *l'évêque de Liége*, aux *Massacres de Scio*, ces scènes d'une grandeur terrible, qui vous reportent à l'époque de chaque sujet et vous rendent admirablement l'impression sous laquelle vous avait laissé le poëte dont il est tiré, — et l'œuvre de M. Delacroix est souvent plus belle que celle du poëte. Il fait plus que leur emprunter l'idée, il la complète.

Le *Naufrage de Don Juan*, la *Famille arabe*, la *Noce juive*, les *Femmes d'Alger* prouvent encore ce que je disais plus haut, qu'il aborde tout avec une égale supériorité. Pour lui, les distinctions de genre n'existent pas. Sa force, cette puissance de vie qui déborde, il la fait passer à tout ce qu'il touche, ce qui donne un cachet unique à toute son œuvre, et à sa peinture une couleur toujours en harmonie avec le sujet, couleur qui semble sortir d'un seul jet de son âme, et être plutôt elle-même une âme qu'une combinaison savante de tons.

Passons maintenant à ses défauts :

Des critiques *très-forts* lui accordent bien *la couleur*, mais du haut de leur science ils jettent dédaigneusement cette absurdité : M. Delacroix *ne sait pas dessiner*.

Cela me rappelle ce même reproche adressé à Rubens.

« De ce que Rubens ne cherche pas les formes suaves, élégantes, délicates des Italiens, on a eu tort de conclure qu'il ne dessinait pas, *qu'il ne savait pas dessiner*. Jamais, certes, on n'a émis d'opinion plus fausse. L'illustre Anversois dessinait absolument comme il devait dessiner : une autre méthode n'eut fait que détruire son talent. Ses muscles prodigieux, ses attaches herculéennes, ses mouvements effrénés, ses postures audacieuses, toutes les témérités de sa manière étaient inséparables de son génie. Enlevez ses hyperboles, calmez sa fougue, rendez ses lignes pures et modestes, vous n'avez plus Rubens, mais quelque chose d'inférieur ; vous obtiendrez de la sorte un Carrache ou un professeur des Beaux-Arts. Que tout le monde dessine de la même manière, c'est bon pour les académies et les salles d'études. La variété forme une des lois essentielles de la vie ; le dessin doit être approprié au goût, au talent de chaque artiste. Un homme ne dessine pas mal parce qu'il met ses lignes en harmonie avec ses idées et ses sentiments. » (*Histoire de la Peinture flamande et hollandaise*, par Alfred Michiels, tome IV, page 223.)

Cette manière de justifier Rubens d'une accusation stupide peut s'appliquer à M. Delacroix. Il est aussi faux de refuser d'une manière absolue le dessin à M. Delacroix que la couleur à M. Ingres.

Il serait bon de s'entendre sur ce qu'on appelle le *dessin*.

Le dessin est-il une ligne dure, sèche, un cercle infranchissable, dans lequel on doive se renfermer en vertu de certaines règles établies par certaines académies ? Il serait par trop élémentaire de le comprendre ainsi. Le dessin doit-être, comme la nature, infini, varié, animé, agité dans ses formes. La nature, à proprement parler, n'a pas de *lignes*, tout y est plein, ou si elles existent, elles sont adoucies, brisées, indécises, soumises aux hasards de la création, à tous les caprices du mouvement qui n'ont été réglés par aucune académie, mais par Dieu, cet artiste sublime, ce grand harmoniste dont vous voulez *corriger* et *régler* l'œuvre.

A propos du *dessin* de M. Delacroix, j'ai lu ceci : « Son contour, au lieu d'être finement mais sèchement arrêté, comme chez M. Ingres, est souvent à peine indiqué et semble *comme imbu de toutes les couleurs ambiantes.* »

Est-ce un défaut? Moi, j'y vois une qualité. C'est justement ce qui donne cette vie, ce *relief* aux peintures de M. Delacroix. » *Le corps humain ne finit point par des lignes* » a dit quelque part un grand écrivain. Or, c'est *en modelant* que M. Delacroix dessine, c'est par la distribution de la lumière qu'il donne la forme aux objets. Loin d'arrêter ses contours, il les dissimule sous cette *fusion de couleurs ambiantes* qui les sépare doucement des *fonds*, et d'une façon plus vraie et moins dure qu'une ligne sèche qui les y attache, qui les y colle (qu'on me passe le mot). Cette fusion les *fait tourner*, elle met de l'air entre les corps ; vu de près, ce travail parait confus, reculez-vous de quelques pas et tout se précise, tout se détache, tout vit.

Mais les éloges que vous donniez il y a un instant à M. Ingres ! me direz-vous.

Entre M. Ingres et M. Delacroix il y a un abîme. Chacun a interprété la nature suivant son organisation. Mais il y a aussi entre eux un rapport intime : c'est le style. Tous deux survivront à leur époque, parce que ce sont deux hommes de style. M. Delacroix surtout, parce que c'est de plus un homme de génie.

M. Decamps.-- M. Horace Vernet.

De tous les coloristes, M. Decamps est peut-être le plus étonnant comme résultat obtenu. On dirait que, comme les alchimistes, il a emprisonné dans quelque fiole un rayon de soleil dont il verse une partie sur sa palette quand besoin est. Dans presque tous ses tableaux la lumière éblouit; il faudrait un abat-jour pour regarder le mur blanc du *Boucher turc*, dont on a beaucoup parlé et avec raison. Ses ombres sont d'une transparence extraordinaire ; sous cette ombre, on reconnaît parfaitement la couleur de l'objet privé momentanément du soleil. On voit que si cet objet changeait de place, l'ombre ou la lumière diminuerait ou augmenterait, mais aucune des parties ne perdrait sa couleur véritable. L'ombre n'est qu'un accident. Chez beaucoup de peintres on dirait qu'elle doit rester là indéfiniment et qu'on a arrêté, pour eux, la rotation de la terre. Elle paraît aussi d'une autre nature que la partie exposée à la lumière. S'ils peignent, par exemple, une draperie rouge, la partie de l'ombre est noire, bleue, grise, mais n'est pas rouge ; la draperie semble avoir été rapiécée avec une étoffe différente.

M. Decamps possède plus que personne cette science si difficile du clair-obscur; il a une palette splendide, un pinceau d'une adresse sans égale, mais... (pourquoi faut-il qu'il y ait ce *mais?*) il lui manque le *sentiment* pour être tout à fait un grand peintre. Ses poules, ses canards, ses ânes, ses chiens sont charmants ; ses tigres, ses éléphants sont de terribles bêtes..... De tous les ani-

maux de la création, il n'a négligé qu'un seul : l'homme ; c'est-à-dire l'intelligence, l'âme. Chaque fois qu'il peint l'homme, il reste au-dessous de son talent ; il ne le comprend pas ou il ne veut pas le comprendre ; il ne voit que la
nature extérieure, le corps ; l'âme lui échappe.

Ainsi, dussè-je me faire lapider par ses nombreux et légitimes admirateurs,
je demanderai aux juges impartiaux si sa *Défaite des Cimbres* qui a fait tant
de bruit, *Eliezer et Rebecca, Joseph vendu par ses frères,* valent le *Singe
peintre,* son *intérieur* et sa *cour de ferme,* ses *chevaux de halage,* son *âne* et
chiens savants, et surtout son *Boucher turc.*

M. Decamps n'en est pas moins un peintre de grande valeur et un bon maître dont les jeunes artistes ne sauraient trop étudier les œuvres.

De tous les peintres français, M. Horace Vernet est le plus populaire. Il ne
faudrait pas dire tout haut que sa palette est souvent pâle, et que ses compositions ont plus d'esprit que de génie. Châteaubriand, il y a déjà longt emps, disait de lui : « Horace Vernet s'efforce de changer sa manière, y réussira-t-il ?
» Le serpent qu'il enlace à son cou, le costume qu'il affecte, le cigare qu'il
» fume, les masques, les fleurets dont il est entouré, rappellent trop le bi-
» vouac (*Mémoires d'Outre-tombe,* tome 8). » Il y a beaucoup de vrai dans cette
appréciation. Les peintres de batailles, et il les peint avec une clarté, avec un
entrain remarquables, s'adressent toujours en France à un public prévenu en
leur faveur. Je n'aime guère pourtant sa *Smala.* De toutes ses œuvres, c'est
celle qui a le plus contribué à son immense réputation.... Ne cherchons pas
à lutter contre toute une génération d'admirateurs ; j'aime bien mieux son
Retour de la chasse au lion, il y a une idée charmante dans ce jeune garçon
à l'air calme et naïf, qui s'en revient tout doucement et sans forfanterie, après
avoir tué un lion. La peau de sa victime sert de bât à son âne sur lequel il che-
mine aussi tranquillement que s'il venait de tuer un chevreuil. Là, il y a plus
que de l'esprit. En fait de batailles, j'aime mieux *Jemmapes, Valmy, Hanau,
Montmirail,* que la *Bataille d'Isly ;* c'était mieux et plus sérieusement peint.
On a élevé trop haut la gloire de M. Horace Vernet, mais la critique a peut-
être aussi poussé trop loin sa sévérité. On ne peut nier qu'il ne soit un des
peintres les plus originaux de ce temps-ci ; certaines œuvres ne pouvaient
être faites que par lui.

L'Exposition française a environ 2,000 tableaux, plutôt plus que moins. Il
faudrait un gros volume pour les analyser par *classe,* par *ordre,* par *famille,*
par *genre....* et un volume plus gros encore pour les analyser par *espèces.*
Bien que la plus grande partie des œuvres exposées soit digne d'un examen
sérieux, je ne puis qu'indiquer les traits les plus caractéristiques de chaque
grande division. J'ai déjà donné à ce travail une extension inusitée en pro-
vince, et le lecteur m'en voudrait d'occuper plus longtemps ce *feuilleton* où
se logent d'ordinaire des productions plus amusantes. Il me pardonnera l'ari-
dité de ces notes rédigées trop rapidement et la plupart *sur place,* en faveur
de l'actualité.

Plusieurs peintres d'une valeur réelle relèvent de M. Ingres. A leur tête, M. Hippolyte Flandrin ; de tous les élèves de M. Ingres, c'est celui qui a le plus approché du maître. C'est la même préoccupation de l'antiquité, c'est cette recherche constante du simple et du beau, cette couleur sage, cette grandeur, cette noblesse de dessin.... mais aussi cette monotonie de lignes, plus sensible chez l'élève, parce qu'il manque parfois d'un sentiment qui lui soit propre, ce qui n'empêche nullement son grand tableau *Saint Clair guérissant des aveugles* (n.° 5075), sa figure d'études (n.° 3076), ses portraits d'être des peintures de grand mérite.

Avec M. Flandrin, marchent dans la même voie :

M. Chenavart, l'homme le plus savant peut-être qui existe, comme dessin, comme science. Pour exécuter ses dix-huit cartons (esquisses d'œuvres destinées au Panthéon), il a dû approfondir tout : histoire, philosophie, et la *philosophie de l'histoire*, comme l'indique le n.° 2705. C'est une grande épopée qui commence à l'enfer, au purgatoire, au paradis, touche au commencement de Rome, évoque Junius Brutus, le siège de Carthage, la naissance du Christ, sa prédication, sa mort, passe par les catacombes pour arriver à Attila, puis des croisades à Luther et à Louis XIV. Si cette œuvre immense est exécutée, et porte le cachet magistral des cartons, ce sera une des œuvres capitales de l'époque.

M. Amaury Duval ne vient peut-être qu'après M. Flandrin dans l'opinion des artistes. En voyant son portrait de M. L. B. (n.° 2422), j'ai bien envie de le mettre sur la même ligne. Cette toile est charmante de fraîcheur et de grâce. Ses cartons sont de sages et de bonnes compositions. M. Amaury Duval a plus d'individualité que la plupart des élèves de M. Ingres.

M. Cabanel, élève de M. Picot fait aussi partie de la même famille. Son *Martyr chrétien* (n.° 2651) est une très-bonne et très-savante étude de dessin et de couleur.

Puis viennent M. Benouville (Louis) avec son *Saint François d'Assises ;*

M. Benouville (Achille) avec ses *bois de chênes verts* (tous deux sont élèves de M. Picot);

M. Henri Lehmann, dont le *Départ du jeune Tobie* (n.° 3546) et les portraits ne sont pas loin des œuvres de M. Flandrin. Sa *Vénus anadyomène* est un joli tableau, même quand on a vu celle de M. Ingres.

Le *Tintoret* de M. Léon Cognet n'attire plus la foule comme autrefois. Il est un peu distancé.

Je n'en dirai pas autant de M. Heim. Ceux qui ont vu son *Martyr de Saint-Cyr et de Sainte Juliette* au salon de 1819, nous assurent qu'ils le trouvent toujours aussi beau. C'est un bon maître aujourd'hui comme il y a trente-six ans.

M. Chasseriau est bien élève de M. Ingres, mais il s'est éloigné de sa manière et se rapproche plutôt de ce qu'on est convenu d'appeler les *coloristes.* Son *Tepidarium* est une belle composition, trop lâchée pourtant de dessin. Quelques têtes sont à peine ébauchées.

Les *Romains de la décadence*, sont une belle page d'histoire, un peu pâle, eu égard à la réputation de coloriste de M. Couture. Que j'aime bien mieux son *Fauconnier* (n.° 2820)! que de grâce dans la pose! quelle couleur harmonieuse! quelle verve il y a dans ce sujet si simple! que d'esprit dans la figure de ce jeune page, gentil chérubin qui ferait rêver plus d'une châtelaine! Que M. Couture nous fasse donc bien vite un pendant à son *Fauconnier*.

Encore un coloriste qui a volé un rayon de soleil au bon Dieu; M. Diaz a cinq petites toiles, c'est-à-dire cinq perles. La *Nymphe tourmentée par l'Amour*, la *Fin d'un beau jour* (n° 2979) sont des prodiges de lumière, de finesse et de grâce. On adore les nymphes, on adore les amours, on adore le paysage... et l'on est bien heureux d'avoir à adorer tout cela, pour pardonner à M. Diaz une grande erreur de plusieurs mètres qu'on nomme les *Dernières larmes* (n.° 2974). Ce grand tableau tout pâle est dûment signé. Mais est-ce bien par M. Diaz de la Pena, l'auteur des *Présents de l'Amour*, de la *Rivale*, de la *Nymphe endormie?* Il faut que le jour où M. Diaz a commis cette erreur, le bon Dieu ait veillé sur son soleil.

M. Gustave Doré, l'un des dessinateurs les plus féconds de notre temps, est de plus un bon peintre, et un peintre plein d'avenir. *Sa Bataille de l'Alma* (n.° 2982) est certainement le meilleur des tableaux traitant le même sujet. Le *Soir* (n.° 2083), la *Prairie* (n.° 2984) sont deux paysages d'un grand mérite.

MM. Gérome et Hamon font des idylles charmantes. Tout le monde connaît, au moins de réputation, cette jolie scène de M. Hamon : *Ma Sœur n'y est pas;* c'est du grec, de l'Anacréon tout pur. M. Hamon peint les enfants comme pas un. Le jeune homme est un peu fort; la jeune fille, un peu délicate, semble avoir été peinte par M. Hébert, l'heureux auteur de la *Mal'aria*, dont les personnages sont trop uniformément atteints de phtysie. Mais les enfants sont charmants.

La *Scène de l'Inquisition* est toujours le plus beau tableau de M. Robert Fleury.

Le *Pilori* de M. Glaise est une bonne peinture, quoique l'idée pèche par la base. Il met là des gens au pilori qui n'ont pas été plus malheureux que bien d'autres.

Le tableau de M. Victor Muller : *L'Homme, le Sommeil, le Rêve* (n.° 3716), que le livret place en France quoiqu'il soit dans la salle des villes anséatiques, est plein de poésie. Seulement l'allégorie est obscure comme toutes les allégories. C'est, du reste, bien peint. Les deux figures de femme qui représentent le Sommeil et le Rêve sont très-gracieuses. M. Muller est élève de M. Couture.

Les portraits de MM. Perignon et Dubuffe sont très-admirés du public. C'est joli, propre, éclatant.... mais ils sont loin, bien loin de MM. Flandrin et Amaury Duval.

M. Vidal fait mieux et sans tant d'apprêt. J'ai dans ma famille un de ses portraits au crayon que je ne donnerais certes pas pour plusieurs de ces toiles luisantes, léchées et pommadées; et de ce portrait, dessiné il y a quinze ans, à ses *Amours des Anges* (pastel) (n.° 4,178) , au portrait de M. S. D. (pastel) , il y a un progrès énorme.

Une Invention, de M. Penguilly nous représente le moine Schwarts, qui fut la première victime de la poudre. Je n'aime pas beaucoup cet homme tout sanglant avec une plaie hideuse à la tête, couché au milieu des débris de son laboratoire; je ne me sens pas la force de le plaindre : il méritait de précéder les millions d'hommes dévorés par son invention (bien entendu que je lui attribue l'invention de la poudre pour ne pas faire mentir le tableau). Dans tous les cas, Schwarts eût mieux fait d'inventer autre chose, et M. Penguilly, qui est un homme de talent (son *Tripot* le prouve) , eût mieux fait de choisir un autre sujet.

Nous nous arrêterons un instant à M. Meissonnier, qui a créé un genre dans lequel il est sans rival. Ses toiles, grandes comme la main , sont plus que des tours de force, ce sont de bonnes peintures.

Son genre l'entraîne parfois à traiter trop scrupuleusement les détails ; et cependant sa peinture est, relativement, très-large. Chaque fois qu'il peint un bout de paysage, c'est franchement touché,—entre autres celui du *Dimanche.* Il comprend bien la nature et l'étudie en homme consciencieux et intelligent. Parmi ses tableaux , je citerai *une Rixe* (n.° 3660) ; je le préfère à ses *Bravi,* qui *font plus d'effet* justement à cause d'un défaut dont le public fait souvent une qualité : le *cherché* dans la composition et dans les poses.

Dans *une Rixe,* la composition est pour ainsi dire irréprochable. Figurez-vous un jeune seigneur que la débauche, le jeu, le jeu surtout ont dégradé , un de ces fils de famille dont Don César de Bazan offre un bon type. Il s'est laissé entraîner dans un tripot où des sacripants l'ont enfermé pour le dévaliser à leur aise. Quand il s'aperçoit que les cartes sont bizeautées, qu'il est par trop ouvertement volé, les cartes, les tables, tout le mobilier vole en éclats. Il porte la main à la garde de son épée en homme très-disposé à ne pas se laisser duper dans cette partie, dont sa vie va être l'enjeu, comme dans l'autre. Sa physionomie est belle d'audace, et de confiance dans cette bravoure de race , la seule de ses qualités qui ait survécu au naufrage. Dans sa pose on devine le spadassin habile. Dans les efforts de ceux qui le retiennent, dans toute cette scène enfin , il y a un mouvement, une vérité qui en font un charmant petit poème. —Pourquoi M. Meissonnier s'obstine-t-il à emprisonner son talent dans un si petit cadre ?... et *une Rixe* est d'une grande dimension près des autres.....Après cela , il surmonte si bien les difficultés les plus grandes, qu'on ne se sent pas le courage de blâmer cette obstination. M. Meissonnier est un des grands artistes de ce temps-ci.

LE RÉALISME.

MM. Courbet, — François Millet, — Salmon , — Dervaux.

Nous arrivons à cette classe d'artistes qui paraît vouloir amener l'art aux idées de notre époque en l'affranchissant de l'ancienne routine ; là est, je le crois, le germe d'une école nouvelle qui aura, elle, de l'*unité :* car son but unique sera d'interpréter la nature dans tout ce qu'elle a de beau et surtout de vrai.

Cette école aura de la peine à s'imposer : On est tellement habitué à voir la nature *arrangée* suivant tel ou tel peintre que, lorsque par hasard un artiste la peint telle qu'elle est, on ne la *reconnaît plus.* L'homme, toujours quelque peu entaché du péché d'orgueil, aime mieux se faire une nature à lui que de l'accepter telle qu'elle est sortie des mains du créateur.

On a donné le nom de *Réalistes* aux apôtres de cette nouvelle religion artistique. Bien que peu nombreux, ils sont néanmoins encore divisés, sinon quant au but, du moins quant aux moyens.

M. Millet, plein de douceur et de sentiment, cherche à propager sa doctrine par la persuasion. M. Gustave Courbet, le grand-prêtre du réalisme pur, est moins patient, plus batailleur. Comme ces prédicateurs de la ligue qui, du haut d'une borne, vociféraient si bien qu'ils finissaient toujours par faire entendre leurs sermons ; il parle haut et fort.... il fait du bruit.... beaucoup de bruit.... En entendant ce vacarme, le public se retourne, il n'écoute peut-être pas encore, il comprend encore moins... mais il s'arrête. C'est tout ce que voulait M. Courbet.... On s'expliquera après. De là, sans doute, cette exagération de réalisme poussée parfois jusqu'à la trivialité ; lui aussi, a dépassé le but, et peut-être volontairement, nous le souhaitons pour lui. Maintenant qu'il a éveillé l'attention du public, qu'il est sûr d'être écouté, il *s'expliquera* avec plus de calme, il fera un pendant à son beau *portrait* de 1851, à son *Après-Dîner à Ornans,* un des bons tableaux du musée de Lille et la plus belle œuvre de M. Courbet (1) ; il mettra en pratique cette théorie placée en tête du livret de son *exposition particulière.*

« Le titre de réaliste m'a été imposé comme on a imposé aux hommes de de 1830 le titre de romantiques. Les titres, en aucun temps, n'ont donné une idée juste des choses ; s'il en était autrement, les œuvres seraient superflues.

»Sans m'expliquer sur la justesse plus ou moins grande d'une qualification que nul, il faut l'espérer, n'est tenu de bien comprendre, je me bornerai à quelques mots de développement pour couper court aux malentendus.

»J'ai étudié, en-dehors de tout esprit de système et sans parti pris, l'art des anciens et l'art des modernes. Je n'ai pas plus voulu imiter les uns que copier les autres ; ma pensée n'a pas été davantage d'arriver au but oiseux de *l'art pour l'art.* Non ! j'ai voulu tout simplement puiser dans l'entière connaissance de la tradition le sentiment raisonné et indépendant de ma propre individualité.

»Savoir pour pouvoir, telle fut ma pensée. Etre à même de *traduire les mœurs, les idées, l'aspect* de mon époque, selon mon appréciation, être nonseulement un peintre, mais encore un homme, en un mot, *faire de l'art vivant,* tel est mon but. »
G. C.

---

(1) M. Courbet, dans une note de son *livret,* regrette et avec raison, que la ville de Lille lui ait refusé ce tableau. Il le regarde, lui-même, comme une de ses meilleures peintures.

Quant à présent, M. Courbet ne remplit pas, ou plutôt ne remplit plus entièrement les conditions de son programme.

Pour traduire l'*aspect* d'une époque, on peut à la rigueur se borner à peindre des personnages plus ou moins laids, des costumes plus ou moins élégants, fût-ce notre frac écourté et notre affreuse coiffure. Si la laideur est bien celle de l'époque (car chaque époque a ses types physiques comme ses types moraux), si l'habit est exactement disgracieux et le chapeau soigneusement copié sur un tuyau de poêle, on n'a rien à dire, on a fait un monsieur fort laid, on a l'aspect de l'époque....

Mais pour en traduire les *mœurs*, les *idées*, il faut autre chose que de l'exactitude ; il faut qu'on puisse comprendre les intentions, les passions qui font agir ; j'irai plus loin : qui font penser les personnages. Là, M. Courbet, trop préoccupé de la forme extérieure, néglige cette partie morale de l'art.

Sa *Fileuse* est bien peinte, mais c'est tout. Ses *Cribleuses de blé* sont encore un tableau d'une belle facture, gâté malheureusement par quelques banalités de mauvais goût. Dans ses *Demoiselles de village*, ôtez les demoiselles et vous aurez un beau paysage digne de lutter avec ceux de MM. Troyon et Théodore Rousseau. Les paysages de M. Courbet sont irréprochables. Son *Château d'Ornans*, son *Ruisseau du puits noir*, sa *Roche de dix heures* sont vrais, poétiques. Il comprend la poésie des ciels, des arbres, mais quand il peint un homme, il craint de mentir à son système en lui donnant la moindre parcelle de cette poésie.

Sa *Rencontre* aurait besoin d'une explication. On ne devine guère l'idée du peintre en voyant ce bonhomme qui l'accoste et qui a beaucoup plus l'air de lui demander s'il n'est pas incommodé par la chaleur du jour, que de rendre hommage lui, bourgeois, homme tout matériel, à l'artiste de talent. La matière s'inclinant devant l'intelligence, tel était évidemment le sujet du tableau. Il n'est pas assez indiqué, ou plutôt ce sujet est mal choisi.

M. Courbet a de grandes qualités qu'il semble ignorer lui-même et qu'il dédaigne peut-être. Il était né paysagiste, et il ne paraît faire du paysage qu'accidentellement. Si je lui disais que je préfère à son *Enterrement à Ornans*, à son *Atelier du Peintre*, allégorie malheureuse pour un réaliste, son *Paysage de la Roche-Founèche*, n.° 18 (Exposition particulière, avenue Montaigne, 7), son *Paysage de Fontainebleau* (n.° 20), son *Paysage de Saint-Denis* (n.° 21), son *Soleil couchant* (n.° 30), et une charmante petite toile représentant la lisière d'un bois sombre où, sur le premier plan, gît un cheval mort, composition pleine de sentiment et de poésie, il me traiterait d'*infirme*, d'*Egyptien* (qu'on me passe ce mot emprunté à l'argot de coulisse). Aurait-il raison, aurait-il tort ? je ne sais ; mais j'en reviens toujours à son tableau du Musée de Lille. C'est bien là du réalisme raisonnable : tout y est d'un bon dessin, d'une bonne couleur.

En littérature, ou mieux, *en morale,* il y a la philosophie et la contrefaçon : le *philosophisme.* M. Courbet, dans les derniers temps, a fait du philosophisme. M. François Millet fait de la philosophie.

M. Millet est un de ces artistes modestes et convaincus qui marchent avec persévérance, sans trop s'inquiéter des applaudissements ou des sifflets.

Il débuta, si je ne me trompe, en 1847, par son *OEdipe détaché de l'arbre*, composition et surtout *exécution* très-originale, qui se ressentait encore des ficelles d'atelier, et n'eut qu'un médiocre succès.

Puis vint son *Vanneur*: on critiqua bien quelques empâtements exagérés, mais on remarqua aussi que la pose du vanneur, l'expression de sa figure et de son geste, tout en étant d'une grande vérité, était aussi d'une exquise distinction. On s'étonna qu'aux actes les plus simples, les plus vulgaires même de la vie, il sût donner un sens sérieux et profond. On commença à s'apercevoir que M. Millet n'était pas un peintre ordinaire.

Vint ensuite son *Semeur*, qui était, on se le rappelle, d'une vérité saisissante et d'une indicible grandeur. C'était plus qu'un paysan jetant le grain dans le sillon, dans l'espoir d'une bonne récolte ; il rappelait ces paroles de Dieu après la faute du premier homme :

« La terre sera maudite à cause de ce que vous avez fait, et vous n'en tirerez de quoi vous nourrir pendant toute votre vie qu'avec beaucoup de travail.

»Elle vous produira des épines et des ronces, et vous vous nourrirez de l'herbe de la terre.

»Vous mangerez votre pain à la sueur de votre visage jusqu'à ce que vous retourniez en la terre d'où vous avez été tiré, car vous êtes poudre et vous retournerez en poudre. »   (*Genèse*, chap. 3.)

Cette magnifique simplicité de la Bible, on la trouve chez M. Millet.

Cette année, il n'a exposé qu'un tableau (n.° 8383), un *Paysan greffant un arbre*. Le sujet est très-simple : Un homme, type du villageois robuste et intelligent, est occupé à greffer un arbre : après avoir coupé les branches, il place la greffe avec l'attention qu'exige cette opération importante ; il sent que la vie de cet arbre, qu'il va régénérer, dépend du soin qu'il apportera à son œuvre. Près de lui, et le regardant faire, se tient sa femme, vigoureuse paysanne qui porte entre ses bras un tout jeune enfant, greffe dans laquelle le père revivra quand l'âge aura paralysé ses forces. Il y a quelque chose de touchant dans ce rapprochement. Ce n'est point là de la sensiblerie, c'est du sentiment véritable.

Le paysage est naïf et vrai. Ce petit jardin est propre, bien soigné ; la maison, couverte en chaume, n'est qu'une modeste cabane, mais elle respire l'ordre, l'économie, presque l'aisance. Le ciel, un peu gris, est bien un ciel de nos climats ; les terrains sont fermes, peints *directement*, sans subterfuge de palette ; les vêtements de l'homme sont rendus avec une grande finesse d'observation, on n'y voit point de ces plis de convention dont on trouve un assortiment complet dans certaines *académies*. L'étoffe est épaisse, lourde, grossière et *solide*, elle ne peut avoir les mouvements moëlleux de la soie ou du velours. J'insiste sur ce dernier point, parce que j'ai lu quelque part: «qu'on aurait voulu plus de *légèreté* dans les vêtements du *Paysan greffant un arbre*.»

La femme et l'enfant sont pleins de sentiment. On aime cette bonne femme à la figure heureuse, dont l'attention se partage entre son mari et son enfant, entre l'arbre et la greffe. On aime ce petit être, dont le bras potelé se tourne instinctivement vers son père; on aime cet enfant, qui bientôt égaiera le foyer par son premier sourire et répandra la joie dans ce modeste intérieur par son premier bégaiement; le premier sourire, le premier mot d'un enfant, le premier fruit d'un arbre sont de grandes joies pour le paysan : ce sont des *événements* dans sa vie si poétiquement monotone.

Ce tableau de M. Millet vous inspire soudainement des idées sérieuses, et cependant il n'y a là qu'un bonhomme greffrant un pommier; mais ce bonhomme, comme son semeur, personnifie le travail, la résignation, le courage calme et constant du *paysan*. Il fait songer à cette classe intéressante des agriculteurs, qui pourraient avoir une part plus large des récompenses dans la grande ruche des travailleurs, dont ils sont les abeilles, souvent absorbées, chassées par les frelons! Cette toile fait songer un penseur, elle fait rêver un poète ; elle console, elle encourage le paysan par l'aspect tranquille et heureux de cette famille; elle lui fait aimer le travail quelque pénible qu'il soit.

C'est entendre noblement la mission de l'art , c'est bien comprendre les exigences de l'époque, qui ne se contente plus de *l'art pour l'art*, qui veut avant tout des idées.

M. Millet a pensé qu'on peut faire naître l'émotion sans avoir recours à ce qu'on est convenu d'appeler les *sujets dramatiques*. Ce villageois et son pommier, cette femme et son enfant m'impressionnent plus vivement, sont pour pour moi un plus grand enseignement que Judith coupant le cou à Holopherne. On a beau habiller cette action de généreux patriotisme, j'ai beaucoup de peine à y voir autre chose qu'un assassinat compliqué de préméditation.

Le but de M. Millet est de rendre , d'interpréter aussi simplement que possible toute idée grande, généreuse et conforme au temps. Il a ouvert une voie nouvelle à l'art.

Dans cette voie sont entrés plusieurs jeunes peintres, qui avancent aussi, modestement, sans bruit et sans se préoccuper que cette peinture austère les fera connaître dix ans plus tard. Peu leur importe; ils arriveront, parce qu'ils poursuivent un but sans se laisser distraire par les mille accidents de la route.

Dans cette jeune école, nous avons remarqué M. Salmon. Sa *Gardeuse de Dindons* a toutes les qualités dont nous avons parlé, quoiqu'il ait poussé un peu loin la sobriété des accessoires.

Un jeune peintre, qui en est à son premier tableau, M. François Dervaux, (1) est un des adeptes les plus fervents de la nouvelle école. Je ne puis guères

---

(1) M. Dervaux est né à Tourcoing; j'aurais dû le placer parmi les artistes du Nord, auxquels je consacrerai un article spécial, mais sa manière, la voie dans laquelle il marche m'ont engagé à le placer ici. Il habite, du reste, Paris où son tableau a été fait, où il a été reçu dès les premiers jours d'examen, ce qui a été constaté par la *Revue du Nord*, dans son numéro du 15 avril 1855.

parler de son talent, M. Dervaux est un de mes meilleurs amis. On crierait : *A la camaraderie !* Je trouve fort à point, dans un ouvrage publié à Paris sur l'Exposition *(Voyage à travers l'Exposition des Beaux-Arts,* par M. Edmond About), ces quelques lignes que je suis heureux de pouvoir citer :

. . . .

« Le *Déménagement* de M. Dervaux est plus complet dans sa simplicité ; c'est une charrette chargée de tout le mobilier d'une famille pauvre ; un vieillard est couché au sommet, sur un matelas : on déménage aussi les malades. Le chef de la famille aide l'âne à tirer son fardeau , une petite fille aux mains frêles, pousse la roue ; un jeune garçon porte un autre petit sur les bras : que la misère est féconde ! et comme les enfants viennent en foule à ceux qui ne peuvent les nourrir ! Une grand' mère, enveloppée dans un manteau de roulier, marche en serrant piteusement les mains. Tout le tableau est sombre, gris, *couleur de misère.* M. Dervaux doit être élève de M. Millet.

»MM. Millet, Salmon, Dervaux, sont réalistes dans le sens véritable du mot. Ils cherchent à rendre la nature telle qu'elle est, sans l'embellir, mais sans la rendre laide ou grotesque.... (Page 206.)

Il faut que ce tableau ait une valeur réelle pour avoir été ainsi remarqué ; sa couleur est calme, grise, *couleur de misère,* comme dit M. About (c'était le plus bel éloge qu'il put faire de la façon dont l'artiste a compris son sujet), et elle n'a rien qui attire l'œil.

Je n'ai qu'une rectification à faire : M. Dervaux est élève de M. Couture et non de M. Millet ; je comprends, du reste, l'erreur de M. About.

MM. Lafond, Tassaert, Bonvin, Leleux, quoique par des chemins divers, suivent à peu près la même route.

Paysage.

MM. PAUL HUET, TROYON, THÉODORE ROUSSEAU.

De tous les genres de peinture, celui qui a le plus progressé est certainement le *paysage.* Là, par exemple, il y a déjà *unité.* Nos paysagistes, tout en interprétant la nature chacun suivant son organisation particulière, cherchent à la rendre telle qu'elle est.

Nicolas Poussin, ce premier maître de l'école française des paysagistes , compléta les tentatives que Titien et Annibal Carrache avaient faites dans ce genre ; il guida les Valentin, les Stella, les Laer , les Poelemburg, les Callot, et fixa définitivement ce qu'on est convenu d'appeler le paysage historique.

A la magnifique grandeur du Poussin, Claude Lorrain, son compatriote, ajouta cette finesse de sentiment, cette poésie qui le fit surnommer le Raphaël du paysage ; en effet, comme Raphaël, Claude Lorrain réunissait sur une toile les beautés éparses qu'il avait vues ou rêvées et en formait un tout qui n'était peut-être pas la *nature vraie,* mais une nature poétique comme celle de Virgile.

Jusqu'alors, même chez ces deux maîtres, la nature était encore reléguée au second plan; l'homme, l'architecture occupaient exclusivement le premier. Claude Lorrain qui, plus que tout autre, pressentait l'avenir du paysage moderne, n'osait cependant s'écarter entièrement du paysage historique.

Après eux vinrent des artistes qui les suivirent de bien loin.

Poussin et Claude Lorrain sont et seront toujours de grands peintres. Leurs imitateurs tombèrent dans le *maniéré*, dans le pastiche. Malgré leur talent incontestable, Francisque Milet, Joseph Vernet, Lantara ne purent sauver l'art des Bertin, des Watelet, dont les œuvres prétentieuses firent les beaux jours de la Restauration.

Mais l'ère mythologique était à l'agonie, le 19.e siècle allait renverser sans retour les *héros*, les demi-dieux du paganisme, le seul idéal que nous eut laissé la renaissance. Ne pouvant plus peupler la nature de nymphes et de bergères, il fallut simplifier aussi les sites dans lesquels devaient se promener de simples mortels.

On commença alors à protester contre les compositions mythologiques, et M. Paul Huet fut un des premiers.

Le *Marais en Picardie* (n. 3329), une *Soirée d'automne*, qui datent de 1835, se ressentent encore un peu de l'exagération des lignes dans les masses principales; mais l'*Inondation à Saint-Cloud*, composition sage, vraie et grandiose en même-temps, atteste chez l'artiste une intelligence déjà grande des idées rénovatrices de l'époque et de l'influence de Walter Scott, de Byron, de Lamartine, de Victor Hugo.

En vain M. Paul Flandrin, avec ses lignes correctes qui ne manquent pas de grandeur, comme dans les *Montagnes de la Sabine*; M. Desgoffe, avec ses belles compositions dignes souvent d'un maître, comme ses *Joueurs de palet* et sa *Méditation*; M. Aligny, avec son *Prométhée* et sa *Révolte des Gaulois*, tentent de ranimer le *paysage historique* qui se meurt : il a fait son temps.

Nos paysagistes sont entraînés forcément vers les tendances du siècle, qui repousse, comme une vieillerie, ces divinités de l'Olympe promenant leurs majestés ennuyées dans un paysage non moins majestueusement ennuyeux. La nature renferme en elle-même assez de poésie pour qu'on puisse la copier sans chercher à l'embellir. C'est ce que les paysagistes modernes ont compris; ils ont compris aussi qu'un *paysage* a autant d'importance qu'un *tableau d'histoire*; que la nature, l'œuvre seule de Dieu dans sa sublimité, exige peut-être un génie plus puissant qu'une composition où il s'agit, non plus de la grande pensée du Créateur, mais des faits et gestes d'un soi-disant grand homme, dont les actes ne sont le plus souvent compréhensibles que sur le livret.

A part quelques exceptions célèbres, y a-t-il à l'Exposition beaucoup de *tableaux d'histoire* qui vaillent les *Bœufs allant au labour* de M. Troyon et un *Marais dans les Landes* de M. Théodore Rousseau ?

Je pose la question aux gens exempts de préjugés qui voient et jugent le beau partout où il se trouve, et n'en sont plus à mettre une mauvaise tragédie au-dessus d'une belle ode, sous prétexte que la première est le *genre noble* par excellence.

M. Troyon, Dieu merci, ne fait pas de tragédie ; il n'en est pas moins un des plus grands peintres du temps. Lui aussi, est un homme de style ; sa peinture toujours simple, est d'un sentiment élevé. Ses animaux (car M. Troyon est un peintre d'animaux, aussi fort, peut-être, que M. Joseph Stevens, et plus fort que M. Landseer, témoins ses études de chiens et de vaches), ses animaux, dis-je, sont de vrais animaux.

Dans la vallée de la Touque, les deux vaches du premier plan sont superbes. *Dans ses bœufs allant au labour*, on ne sait ce qu'on doit le plus admirer, des bœufs, du bouvier ou du paysage ; tout y est parfaitement dessiné, parfaitement peint. Ce soleil qui se lève sur un terrain humide encore de rosée est magnifique de lumière ; ce ciel bleu sur lequel glissent quelques nuages blancs, est d'une vérité et d'une poésie étonnantes. Un de mes amis, avec qui j'avais admiré ce tableau, me disait dernièrement en regardant un effet de soleil levant : « Tiens ! voilà le ciel des bœufs de Troyon. » L'exclamation était vraie comme le ciel.

M. Théodore Rousseau a, comme M. Troyon, une connaissance approfondie de la nature, il n'a pas laissé échapper un seul de ces secrets qu'elle ne révèle qu'à ses élus. L'exécution savante, facile de M. Rousseau obéit à toutes les exigences souvent capricieuses de la réalité qu'il peint dans toute sa simplicité. Chaque chose est à sa place et a sa raison d'être. Il ne demande pas au hasard ces *effets* heureux qui font souvent la fortune d'un tableau. Tout est combiné, prévu ; les détails eux-mêmes, sans nuire à l'harmonie, sont étudiés et ont un but ; on en enlèverait un seul, l'ensemble serait rompu. Rien d'inutile dans ces compositions si vraies, si profondément senties, si magnifiquement rendues !

Les *Côtes de Grandville* (n.° 2917), nous représentent bien un site sévère de la Normandie. La plaine est inondée de lumière ; les arbres, cachant à demi le village, sont d'un dessin franc et d'une grande tournure.

Le *Marais dans les Landes* est très beau de couleur ; l'air et la lumière circulent partout, arrivent par gradations des lointains vaporeux aux premiers plans fermement accusés. Les vaches qui s'en vont lentement dans cette eau couverte d'herbes et de plantes sont vraies, bien posées, ainsi que la maisonnette, où l'on voudrait s'arrêter, tant elle respire le calme et la poésie.

L'Avenue (n.° 3929), offre peut-être, comme agencement, un peu d'uniformité ; mais il y a tant de soleil au travers de ces feuilles, tant d'air autour de de ces mille branches, qu'on oublie qu'elles rappellent trop les voûtes de verdure régulières d'un jardin.

La *Plaine de Barbison, effet du soir* (n.° 3936), est une délicieuse pastorale. Le jour est arrivé à son terme, le soleil va disparaître et n'éclaire plus que l'horizon ; la brume commence à estomper les lointains et les arbres, et répand sur tout le paysage une tristesse mélancolique. Une femme qui fait boire sa vache dans une mare complète cette idée charmante.

La *Lisière de bois*, les *Landes, effet du matin*, le *Groupe de chênes*, enfin tous les tableaux que M. Rousseau a exposés sont des œuvres qui tuent, sans espoir de résurrection, le paysage maniéré, pommadé, pomponné, d'une certaine école obstinément rétrograde, le paysage de convention des artistes qui étudient la nature au coin de leur feu.

Après MM. Troyon et Théodore Rousseau, nous citerons quelques paysagistes de talent, et nous regrettons d'avoir à borner nos citations.

M. Cabat est un peintre d'un sentiment assez triste et même lugubre; pour lui, le matin, le midi n'existent pas; il ne voit que le crépuscule et la nuit. Ses quatre tableaux, *le Ravin de Villeroy*, *le Matin* (trop sombre), *le Soir au lever de la lune*, *le Crépuscule*, sont néanmoins de bonnes peintures.

M. Français est beaucoup plus gai; sous son pinceau, la nature est riante, fraîche, jolie, trop jolie parfois.

M. Jeanron (Auguste), élève de M. Souchon (de Lille), répand dans ses tableaux une teinte de mélancolie pleine de charme. Son *Berger breton*, les *Bergers*, *Vue du port abandonné d'Ambleuteuse*, sont des œuvres empreintes d'un sentiment très-distingué. M. Souchon, dont on n'apprécie peut-être pas le mérite comme on le devrait, a, à l'*Exposition*, quelques élèves qui lui font honneur.

M. Belly (Léon), de Saint-Omer, élève de M. Troyon, a bien profité des leçons du maître. Sa *Haute-futaie de Fontainebleau* est un beau paysage; le soleil se joue gracieusement au travers d'un feuillage bien attaqué; l'air entoure bien ces grands troncs qui portent *carrément* leurs branches dessinées avec hardiesse. Le *Crépuscule de novembre*, l'*Effet d'automne*, ses *Pêcheurs d'esquille*, quoique ce dernier tableau soit traité trop minutieusement, ont de bonnes qualités de dessin et de couleur. Les terrains sont vrais. Chose rare chez un paysagiste, M. Belly a fait deux portraits. Celui de M. Manin (n.º 2522) est plus beau que beaucoup de portraits peints par les *princes* du genre.

M.elle Rosa Bonheur subit l'inconvénient d'une réputation élevée trop haut. En France on ne sait jamais garder une juste mesure. En 1848, elle obtint et mérita une médaille de première classe, et sa réputation fut établie. Dans un accès de galanterie, ses admirateurs allèrent trop loin et la placèrent d'emblée à la tête des peintres de paysages et d'animaux, et l'on ne jura plus que par ses *Bœufs*. Pourtant ils sont bien loin de ceux de M. Troyon, et ses paysages inférieurs à ceux de M. Théodore Rousseau; ce qui n'empêche nullement M.elle Rosa Bonheur d'être un bon peintre. Son dessin est ferme et a même par moments un grand style; sa peinture est solide : aucune femme n'a jamais atteint, beaucoup d'hommes voudraient atteindre à sa vigueur de crayon et de palette. Sa *Fenaison* (n.º 2587) est supérieure à ses *Bœufs*. La composition est d'une belle simplicité, les figures sont bien dessinées; mais, malgré un ciel d'un bleu très-intense et des coups de soleil très-vifs habilement jetés sur le paysage et les personnages, l'ensemble est d'une lumière presque triste.

De tous les paysagistes, M. Corot est certainement le plus original. Il fait de la peinture comme Walter Scott fait de l'histoire : il ne copie pas la nature, il la poétise, il la revêt de formes suaves et vagues qu'il trouve dans son imagination rêveuse. Ses blonds paysages toujours un peu voilés respirent cette douce poésie de la muse allemande, cette muse à laquelle nous a si bien initiés un de nos poètes les plus distingués, un de nos compatriotes du Nord, M. N. Martin, qui a habité Lille il y a pas mal d'années.

Ce paysage si fin de ton, où glissent plutôt qu'ils ne marchent les Amours et les Nymphes, m'a rappelé la *Muse bocagère* de M. Martin (1). Je ne puis résister à la citation :

« Je me souviens toujours de ce premier baiser
Que sur mes blonds cheveux, muse, tu vins poser.
C'était lorsque la neige efface dans la plaine
Tout vestige de fleurs et toute trace humaine.
Tes beaux doigts dénouaient une gerbe d'épis,
Que de maigres oiseaux emportaient dans leurs nids.
— « Je suis, murmuras-tu, la Muse bocagère ;
» J'habite un frais palais de mousse et de fougère.
» Le soleil en été, la rosée au printemps,
» Y sèment tour à tour l'or et les diamants ;
» Ces oiseaux dont, l'hiver, mon amour s'inquiète,
» Me ramènent avril et chantent sur ma tête.
» Veux-tu m'aimer? Veux-tu renfermer tes désirs
» Dans le culte naïf des champêtres plaisirs?
» Je deviendrai ta sœur, et mon accent rustique
» T'enseignera des airs de muse bucolique :
» Théocrite n'a point tari le miel sacré,
» Et j'en sais qu'ignora même le doux André. »

(*L'Écrin d'Ariel,* page 5.)

Ces deux noms, M. Corot et M. N. Martin, ces deux talents pensent ensemble comme s'ils ne s'étaient jamais quittés. Il y a entre eux une telle affinité qu'on pourrait la fondre en une seule individualité poétique. Tantôt le peintre est le poète, tantôt le poète est le peintre, et ils ne se sont jamais vus, ils ne se verront peut-être jamais. Ce rapprochement, qu'un de ces caprices subits de la pensée a jeté dans mon esprit m'a procuré une bonne journée : j'ai relu l'*Écrin d'Ariel* près d'une copie d'un charmant petit Corot que j'ai faite tant bien que mal ; car M. Corot est inimitable : impossible de saisir ces contours vagues, ces tons vaporeux dont il a seul le secret.

---

(1) « M. Martin mêle à son inspiration française une veine de poésie allemande. Il a un sentiment domestique et naturel qui lui est familier, et l'on dirait qu'il a eu autrefois une des Sylphides des bords du Rhin pour marraine. »
SAINTE-BEUVE.

Je sais qu'on lui reproche de manquer, dans certaines toiles, de vigueur, de couleur, de netteté ; de tomber, en voulant faire trop vaporeux, dans une couleur molle, pâle et trop *spiritualisée*.... Bah !... c'est qu'alors c'était le tour de M. Corot d'être poète et celui de M. Martin d'être peintre : celui-ci écrivait probablement ses *Tableaux flamands* (*Ecrin d'Ariel*, p. 7) :

> Certain hiver, dans une ferme,
> J'ai vécu rustique et pensif....

mais je ne puis me permettre une seconde citation.

—

M. Eugène Lavieille, élève de M. Corot, a exposé deux paysages de Barbison. Le n.° 3509, *effet d'été*, est très-gracieux. Ces marmots jouant sous de grands arbres sont bien étudiés et bien réussis. Son *effet de neige* est peut-être mieux peint ; la neige n'est point de la crème fouettée comme la plupart des neiges ; elle est solide, il y a de la terre dessous ; il fait froid ; l'on est tenté de prendre un fagot au tas pour réchauffer ces corbeaux perchés sur les branches d'un arbre à peu près mort, qui gèle sous son écorce comme les pauvres oiseaux sous leurs plumes.

Un autre élève de M. Corot, M. Charles Leroux, a exposé sept paysages dont quelques-uns ont de bonnes qualités, entre autres : *La Loire, effet d'hiver* (n.° 3599) et le *Marais de la Rabinière* (n.° 3601).

M. Daubigny (Charles) a quatre tableaux dont deux charmants et deux très-beaux. Les *Bords du Ru à Orgivaux* (n.° 2841) est une peinture fraîche et fine qui réjouit l'œil. Les fonds sont pleins de lumière. Le *Pré à Valmondois* est encore un joli tableau qui plaira aux gens du monde. L'*Ecluse dans la vallée d'Optevaz* (n.° 2841) et surtout la *Mare au bord de la mer* peuvent braver la critique des artistes les plus sévères. Ce sont deux magnifiques études. La *mare* est peut-être restée trop à l'état d'ébauche, mais cette ébauche est si large, si vraie, si *crâne*, qu'on ne la désire pas plus faite.

Il ne faut pourtant pas abuser de l'ébauche. Pour qu'un tableau soit complet, il faut qu'il soit fini comme la nature qui, elle, est finie jusque dans ses moindres détails. Le *léché*, la préoccupation de la *petite bête* n'est pas la conséquence obligée du *fini*.

M. Daubigny sait cela mieux que personne, car il étudie la nature en homme de force à la comprendre.

M. Lambinet est élève de M. Horace Vernet. Il semble plutôt être celui de M. Troyon. Sa peinture est vigoureuse, grasse, ses terrains sont de bonnes terres où poussent de grands arbres et une herbe plantureuse. Sa couleur est vive et franche, son *Matin* (n.° 3458) est très-frais ; son *Chemin creux* (n.° 3460) est d'une couleur vigoureuse.

M. Brion, dans un *train de bois sur le Rhin* a fait preuve d'une grande science de composition. Il y a du mouvement chez ces hommes, ces femmes, ces enfants qui se remuent pêle-mêle sur cet immense radeau.

Un *Dormoir dans la forêt de Fontainebleau*, de M. Gabriel Chardin ; — un *Sentier dans le bois*, de M. Louis Leroy, sont de très-jolies toiles.

La *vue prise du quai d'Orsay*, de M. Jocgkend, est une peinture coquette, lumineuse et fine.

La *Moisson à Chambaudin*, de M. Edmond Hedoin (n.° 3281)) a des qualités; les terrains sont bons, la charrette chargée de blé est gentiment tournée, une lumière joyeuse égaie toute la scène. Ses *Scieurs de long à Chambaudin*, (n.° 3281) sont vrais et solidement peints. Nous aurions voulu plus d'air dans les arbres. M. Hedoin, quoique paysagiste, a fait aussi un portrait, (n.° 3283), de M. me la comtesse de ....

MM. De Lafage et Eugène De Varennes sont des peintres élégants; leur peinture, quelque peu aristocratique, est toujours distinguée. *Les bords de la Seine* (n.° 3441) de M. De Lafage, l'*Entrée de village* (n.° 4137), de M. de Varennes, peuvent être rangés au nombre des bons paysages de l'Exposition.

M. Jadin vient immédiatement, comme peintre d'animaux, après MM. Stevens et Troyon. Il est inférieur à ces artistes dans l'*Assemblée de la venerie* (n.° 3387), dans le *Relais de chiens* (n.° 3386). Ses paysages sont moins forts; mais son *Tippoo* à seize ans, cette vieille tête si expressive, mais ses *six têtes de chiens* : Barbaro, Nicanor, Lentenor, Pereno, Margano et Calypso, le placent peut-être sur la même ligne.

Calypso surtout est une chienne élégante qui finira par jeter le trouble dans le cadre.

Ces têtes, à mon avis, sont l'œuvre la plus savante de M. Jadin. Non-seulement chaque race, mais le caractère particulier de l'animal a son cachet. M. Jadin est certainement l'un de nos meilleurs peintres.

M. Palizzi est aussi un bon peintre d'animaux. Il fait bien le paysage, sauf une couleur parfois excentrique. Notre ami M. Henri Chatteleyn a, dans son album, une aquarelle de M. Palizzi qui peut donner une idée de sa manière. Les deux petites chèvres de ce croquis sont toutes gentilles mais d'une couleur étrange. Celles de son tableau *Une Vendange* (n.° 3748) sont très-bien peintes. Il y a beaucoup de naturel et de mouvement dans ces charmants animaux qui ravagent à qui mieux mieux une vigne. Ses vaches sont moins bien traitées. En somme, M. Palizzi a un beau talent.

M. Bracassat donne du mouvement à ses animaux, il les groupe avec esprit, et il les peint mal. Ses *Taureaux* (n.° 2620) se battent rudement. Sa *Vache attaquée par des loups* (n. 2621) est d'une bonne composition, mais la couleur est souvent criarde et vise trop à l'effet.

En fait de marines, il y a celles de M. Gudin, dont la réputation, élevée aussi trop haut, ne se soutient pas à cette épreuve de l'Exposition. M. Gudin a cependant de belles toiles quoi qu'on dise. Son *Retour des Pêcheurs* (n.° 3220), le *Port des Catalans à Marseille* (n.° 3221), la *Vue du Mole* (n.° 3235), une *Barque de pêcheurs, côtes de Hollande* (n.° 3238), ne sont pas des œuvres ordinaires. Je ne cite pas les meilleurs tableaux de M. Gudin selon le public. Je demande humblement pardon au public de ne pas être de son avis.

M. Barry, élève de M. Gudin, dépassera son maître, si ce n'est déjà fait. *Après la Tempête* (n.° 2483), *Entrée du port de Marseille* (n.° 2485), sont des peintures qui prédisent au peintre un bel avenir : le présent est déjà très-satisfaisant.

M. Garneray a aussi trois bonnes marines, entre autres la *Pêche de la morue sur le banc de Terre-Neuve* et le *Canal de Furnes* (n.ºs 3156, 3154). Il y a encore la *Vue de Bomarsund*, la *Vue du port de Brest*, de M. Morel-Fatio; le *Port de Rouen*, de M. Mozin ; le *Cap de fer*, de M. Groleg.

Nous citerons encore comme dignes d'être remarqués, pour terminer avec la France et réparer quelques omissions dont je m'aperçois en relisant mes notes :

M. Philippe Rousseau, qui peint en maître les fleurs et les fruits, et même les animaux.

Les *Bords de la Sprée*, de M. Auguste Anastasi (n.° 2426).

Les *Sœurs de charité en Crimée* (n.° 2455), de M. Eugène Appert.

Les *Exilés de Tibère* (n.° 2479), de M. Barrias. (Je me vois forcé ici de ne plus séparer les genres et de suivre mes notes telles qu'elles me tombent sous la main.)

Avant la pluie, — *Après la pluie* (n.ºs 2414, 2615), de M. Bouquet.

Le *Lendemain de la Saint-Sébastien* (n.° 2629), de M. Breton ; charmant tableau de genre. Les *Petites Paysannes consultant les épis*, du même.

Souvenir du parc de Neuilly (n.° 2997), de M. Chauvel.

Un *Pâturage en Hollande* (n.° 2799), de M. Couder.

Le *Retour d'un troupeau bourbonnais* (n.° 3041), de M. Esbral.

Un *Pâturage en Normandie*, de M. Léon Fleury, et tant d'autres que, malgré moi, je dois omettre.

ARTISTES DU NORD.

Le département du Nord est certainement l'un de ceux qui ont produit le plus d'artistes. A l'Exposition universelle, il est dignement représenté.

Valenciennes a raison d'être fier d'avoir été le berceau de M. Abel de Pujol. Médailliste de 2.e classe en 1810, premier grand prix de Rome en 1811, médailliste de 1.re classe en 1814, chevalier de la Légion-d'Honneur en 1822 (officier en 1853), membre de l'Institut en 1835, M. Abel de Pujol a parcouru tous les degrés de la hiérarchie artistique pour arriver à ce bâton de maréchal des peintres : l'Institut. Ses œuvres ornent les principaux monuments de Paris. Son *Saint Etienne prêchant l'Evangile* (n.° 2401) appartient à Saint-Etienne-du-Mont ; la *Vierge au tombeau*, à Notre-Dame de Paris. Ses grisailles vivront aussi longtemps que la Bourse où on va les voir encore, où l'on ira toujours les admirer, car ce sont de ces œuvres sages, grandement combinées, noblement conçues, qui restent longtemps après l'auteur.

Les œuvres dont nous venons de parler sont trop connues pour que nous nous y arrêtions.

Ses *Danaïdes* (n.° 2404) sont de beaux bas-reliefs, le dessin est d'un modelé pur et hardi. Je ne parle pas du *trompe-l'œil*, qui ferait prendre ce dessin pour de la pierre, ce n'est que l'accessoire ; le trompe-l'œil, en général, m'a toujours trouvé très-sobre d'éloges et d'admiration. Il ne faut pas un grand génie pour mettre *en relief* l'éternel clou sur un mur, la mouche de rigueur sur une grappe de raisin ; c'est de la prestidigitation bonne au plus à amuser les enfants et les habitués de M. Houdin. Les *Danaïdes* ont des qualités plus réelles.

J'aime moins la *Ville de Valenciennes encourageant les Arts*. Je ne parle pas comme *exécution*, mais comme idée. C'est une allégorie, et l'allégorie vieillit.

M. Crauk, de Valenciennes, a exposé un beau portrait. La tête est expressive et sagement peinte ; tout est bien en place et en harmonie.

Je regrette de ne pouvoir en dire autant des deux portraits de M. Coroenne, de Valenciennes. Où a-t-il trouvé cette couleur molle, rosée, sans consistance ? Ce n'est pas chez M. Abel de Pujol, son maître ; mais les femmes l'ont gâté. A force de peindre des dentelles, des rubans et ces charmants chiffons qu'elles exigent de l'artiste et qui lui valent quelquefois des succès de salon, il s'est laissé aller à une manière dont il ne pourra plus se défaire s'il ne s'arrête à temps.

L'*École buissonnière* (n.° 3273), de M. Harpignies, de Valenciennes, est une bluette assez gaie.

La *Forêt de Fontainebleau* (n.° 4040), de M. Teinturier, de Valenciennes, a de bonnes parties, mais aussi des parties faibles. C'est plutôt l'œuvre, très jolie du reste, d'un amateur que celle d'un artiste. A côté de morceaux charmants, il y a des écarts qui prouvent l'absence d'études suivies, mais non celle du sentiment artistique.

M.me Grün (née Eugénie Charpentier, de Valenciennes), est une artiste de beaucoup de talent. Sa peinture est agréable, assez ferme, qualité rare chez une femme. Ses compositions sont spituelles. Sa *Jeune Bretonne* (n.° 3219), est toute gracieuse ; sa *Femme et Enfant valaques* porte le cachet d'un sentiment distingué.

M. Clerc (d'Anzin), a exposé trois tableaux : le *Christ montrant ses plaies*, (n.° 2752) ; la *Légende de sainte Bonne* (n.° 2753) ; la *Dernière Veille de Cicéron*, qui nous a paru le mieux composé des trois. Sauf erreur de nom, M. Clerc a remporté cette année le prix de Rome.

L'*Assomption de la sainte Vierge* (n.° 3322), de M. Housez, de Condé, se distingue par des qualités de bon aloi ; elle est d'un dessin correct, d'une couleur tranquille. C'est un des bons tableaux religieux de l'Exposition.

M. Lequeutre, de Dunkerque, a trois portraits (miniatures) d'un certain mérite.

La *Gorge d'Apremont* (n.° 4203), de M. Wagrez, de Douai, est un beau paysage ; il a été remarqué par plusieurs critiques de la presse parisienne, qui lui accordent : « un sentiment très vif de la nature, l'habileté pratique, des sites choisis avec goût, des morceaux bien étudiés. » Ce paysage possède, en effet, toutes ces qualités. M. Wagrez va de pair avec MM. Leroux, Leroy, Chardin.

M. Ducornet (Louis), de Lille, est un artiste déjà connu. Un journal de Lille, il y a quelques jours, établissait contradictoirement sa biographie. Pour ceux qui n'auraient point lu ces deux articles le concernant, nous dirons que, privé de bras, il peint avec les pieds, ce qui ne l'a pas empêché d'obtenir une médaille de 3.ᵉ classe en 1840, une de 2.ᵉ classe en 1841 et une de 1.ʳᵉ classe en 1843.

Le sujet de son tableau : *Edith au col de Cygne retrouvant le corps du roi Harold sur le champ de bataille d'Hastings* (n.° 3016), est très-dramatique. Il fallait du talent pour rendre cette prose si poétique de M. Augustin Thierry :

« Les femmes et les mères de ceux qui étaient venus de la contrée voisine combattre et mourir avec leur roi, se réunirent pour rechercher ensemble et ensevelir les corps de leurs proches. Celui du roi Harold demeura quelque temps sur le champ de bataille, sans que personne osât le réclamer. Enfin, la veuve de Godwin, appelée Githa, surmontant sa douleur, envoya un message au duc Guillaume pour lui demander la permission de rendre à son fils les derniers honneurs. Elle offrait, disent les historiens normands, de donner en or le poids du corps de son fils ; mais le duc refusa durement, et dit que l'homme qui avait menti à sa foi et à sa religion n'aurait d'autre sépulture que le sable du rivage. Il s'adoucit pourtant, si l'on en croit une vieille tradition, en faveur des religieux de Waltham, abbaye que, de son vivant, Harold avait fondée et enrichie. Deux moines saxons, Osyod et Ailrik, députés par l'abbé de Waltham, demandèrent et obtinrent de transporter dans leur église les restes de leur bienfaiteur. Ils allèrent à l'amas des corps dépouillés d'armes et de vêtements, les examinèrent avec soin l'un après l'autre, et ne reconnurent point celui qu'ils cherchaient, tant ses blessures l'avaient défiguré. Tristes, et désespérant de réussir seuls dans cette recherche, ils s'adressèrent à une femme que Harold, avant d'être roi, avait entretenue comme maîtresse, et la prièrent de se joindre à eux. Elle s'appelait Edith, et on la surnommait la belle au cou de cygne. Elle consentit à suivre les deux moines, et fut plus habile qu'eux à découvrir le cadavre de celui qu'elle avait aimé. » *(Histoire de la Conquête de l'Angleterre par les Normands*, tome 1, page 357.)

M. Ducornet a bien compris et, malgré son infirmité, a bien exécuté cette scène émouvante. Son Edith est très-belle, ses personnages sont bien groupés et bien peints.

S'il avait des mains !... il ne ferait pas comme ce peintre flamand, que cette affreuse mutilation me rappelle; bien qu'ayant ses deux bras, il peignait aussi avec les pieds, pour se créer à plaisir des difficultés. C'était Cornélis Ketel. Il n'arriva là que graduellement : il abandonna d'abord le pinceau et se mit à peindre avec les doigts. On se moqua de lui ; mais, comme il fit plusieurs tableaux de cette manière, on rit moins. Le pinceau délaissé, il supprima la palette et délaya ses couleurs dans sa main gauche, qui, un beau jour, changea de fonctions avec la droite et devint le pinceau ; après, vint le tour du pied droit, puis celui du pied gauche ; toujours même succès : les badauds du temps commencèrent à ouvrir des yeux énormes. Ce n'était pas tout : les quatre membres avaient fonctionné chacun pour son compte particulier, il voulut les faire travailler ensemble ; il trempa ses pieds, ses mains dans la couleur, et, s'escrimant contre sa toile comme un hanneton couché sur le dos, il attaqua ciels, lointains, terrains à la fois.

Les badauds poussèrent des cris d'admiration, et, ce qu'il y eut de plus fâcheux, ils favorisèrent cette folie en en achetant les résultats très-baroques.

Il y a en France plus de Ketels qu'on ne pense.

De tous les peintres de Lille, M. Arsène Hurtrel est le plus connu , le plus choyé ! Il a exposé souvent, rue Esquermoise, cette rue Laffitte de Lille pour les arts, comme elle en est la rue Vivienne pour l'industrie. Il est l'enfant gâté de la presse locale; mes éloges ou mes critiques auraient pour lui peu d'intérêt. Je me bornerai donc à constater que sa *Savoyarde* vaut mieux, beaucoup mieux que ses productions antérieures. C'est une gentille toile dans laquelle existent des qualités qui nous mettent en droit d'exiger de M. Hurtrel une œuvre plus importante, plus serrée.

M. Colas (Alphonse) est le meilleur élève de M. Souchon. Sa plus belle peinture, la plus forte comme couleur, comme *modelé*, comme dessin, est le *portrait de M. Souchon*, que nous avons vu à l'Exposition de Dunkerque.

Son tableau de cette année : *Episode de la vie de Saint-Grégoire* (2774), a de très-belles parties , mais pêche par l'ensemble. D'un portrait à une grande composition, il y a loin, je le sais. Je crois, cependant, que , même toute proportion gardée des difficultés , le portrait de M. Souchon est très-supérieur. Je connais beaucoup de peintres qui feraient le grand tableau; j'en connais fort peu qui atteindraient à la facture presque magistrale de ce portrait.

M. Colas est un artiste consciencieux, qui sait son métier. Le musée de Lille a de belles œuvres de lui. Sa copie, d'après la Sainte-Cécile, de Raphaël (du musée de Bologne), est d'une grande exactitude (m'a dit un artiste qui a vu l'original) et d'une grande fermeté d'exécution. Au musée Wicar on peut voir un fort beau dessin (copie d'un fragment du plafond de la chapelle Sixtine) un des plus beaux morceaux de ce plafond de Michel-Ange.

Ces dessins prouvent chez M. Colas une volonté ferme d'arriver à son but par des moyens sûrs, s'ils sont plus lents que d'autres : un travail constant et des études bien entendues.

M. Mottez, de Lille (qui habite Londres), a exposé un portrait que je n'ai pu découvrir. C'est ce qui m'est, du reste, arrivé pour plusieurs tableaux , grâce à la confusion des numéros qui, dans les salles, ne se suivent pas comme sur le livret.

M. Brochart (de Lille) a deux pastels : la *Biche blessée* et la *Vierge aux Roses*.

En ajoutant pour la sculpture : M. Cordier, de Cambrai.

Pour la gravure : M. Caron, de Lille ; M. Leroy, de Lille ; M. Wacquez, de Lille.

Pour l'architecture : M. Hallez, de Lille ; M. Frappaz, de Dunkerque ; M. Boulanger, de Douai. Nous avons en tout dans le Nord vingt-trois exposants , toujours sauf erreur ou omission.

4

La sculpture, la gravure, l'architecture n'entrant pas dans mon cadre, je ne puis parler de ces derniers artistes, à qui d'autres rendront la justice qu'ils méritent à tous égards. Je me récuse! je l'avoue tout naïvement pour cause d'incompétence. Je n'ai pas voulu me fier à quelques notions vagues et superficielles, Je laisse la tâche aux hommes spéciaux. La mienne est terminée. Je sais combien elle est incomplètement remplie. Il m'aurait fallu des mois et des volumes ; je n'avais que quelques jours et quelques feuilletons.

J'ai apporté ma pierre, toute petite qu'elle est, j'ai ajouté mon contingent aux nombreux souvenirs qui resteront de cette belle Exposition. On excusera l'incorrection et l'incohérence de ces notes écrites en courant et que j'ai à peine relues.

Je ne réclame, bien entendu, l'indulgence de mes lecteurs que pour la *forme*. Le *fond*, c'est-à-dire l'opinion émise sur l'art et sur les artistes est le résultat de convictions, d'études assez sérieuses, pour que j'accepte franchement la responsabilité des jugements que j'ai portés. Cette opinion, comme tout ce qui appartient aux sentiments humains, est sujette à l'erreur. Je me serai au moins trompé avec bonne foi.

Tourcoing, 6 novembre 1855.

ÉDOUARD SAINT-AMOUR.

FIN.

NOTE DE L'ÉDITEUR.

Ce travail était terminé et publié déjà depuis quelque temps, (1) lorsque parut la liste des récompenses obtenues dans la section des Beaux-Arts.

Nous croyons cependant devoir réunir aujourd'hui cette liste à cette brochure dont elle est pour ainsi dire l'appendice obligé.

L'auteur n'ayant compris dans son cadre ni la sculpture, ni l'architecture, nous nous bornerons comme lui à la peinture, lithographie, etc.

OEUVRES D'ART.

XXVIII.º CLASSE.

Peinture, Gravure, Lithographie.

GRANDES MÉDAILLES D'HONNEUR.

1714 Cornélius,	Prusse.	3336 Ingres.	France.
2855 Decamps,	France.	855 Landseer,	Royaume-Uni.
2908 Delacroix,	France.	361 Leys,	Belgique.
3284 Heim,	France.	3660 Meissonnier,	France.
4668 Henriquel-Dupont. Gravure,	France.	4144 Vernet,	France.

MÉDAILLES DE 1.re CLASSE.

2401 Abel de Pujol,	France.	3376 Isabey,	France.
1684 Achenbach,	Prusse.	3394 Jalabert,	France.
2563 Bida. Dessin,	France.	470 Knaus,	Duché de Nassau.
2587 M.elle Rosa Bonheur,	France.	1747 Kaulbach,	Prusse.
2620 Brascassat,	France.	3499 Larivière,	France.
819 Couture,	France.	867 Leslie,	Royaume-Uni.
2976 Cattermole. Aquarelle,	Royaume-Uni.	3541 Lehmann,	France.
4610 Calamatta. Gravure.	France.	3642 Maréchal. Pastel,	France.
2043 Calame.	Suisse.	3714 Muller. Paris,	France.
2651 Cabanel,	France.	4831 Mouilleron. Lithographie,	France.
2705 Chenavard,	France.	593 Madrazo,	Espagne.
2766 Cogniet,	France.	3873 Robert-Fleury,	France.
2791 Corot,	France.	1284 Robinson. Gravure,	Royaume-Uni.
2849 Dauzats,	France.	3907 Rouget,	France.
2075 Flandrin,	France.	3927 Rousseau,	France.
4649 Forster. Gravure,	France.	3903 Roqueplan,	France.
3125 Français,	France.	3975 Scheffer.	France.
812 Grant,	Royaume-Uni.	3986 Schnetz,	France.
807 Gordon,	Royaume-Uni.	937 Stanfield,	Royaume-Uni.
3220 Gudin,	France.	4094 Troyon,	France.
3279 Hébert,	France.	2023 Tidemand,	Norwège.
3293 M.me Herbelin. Miniature,	France.	1085 Thorburn. Miniature,	Royaume-Uni.
1970 Hockert,	Suède.	474 Willems,	Belgique.
3325 Huet,	France.	169 Winterhalter,	France.

---

(1) *Écho du Nord* du 3 au 22 novembre 1855.

MÉDAILLES DE 2.ᵉ CLASSE.

2479 Barrias,	France.	
2504 Bellangé,	France.	
2524 Benouville,	France.	
2599 Bouguereau,	France.	
2635 Brisset,	France.	
2689 Chassériau.	France.	
2698 Chavet,	France.	
2784 Comte,	France.	
2813 Court,	France.	
1212 Cousins. Gravure,	Royaume-Uni.	
3009 Dubufe, fils,	France.	
798 Frith,	Royaume-Uni.	
3164 Gérôme,	France.	
3194 Glaize,	France.	
527 Gronland,	Danemark.	
2015 Gude,	Norwège.	
1023 Haghe. Aquarelle.	Royaume-Uni.	
3263 Hamon,	France.	
705 Healy,	Etats-Unis.	
4731 Hildebrandt,	Prusse.	
3162 Lami,	France.	
3503 Laugée,	France.	
3584 Lenepveu,	France.	
368 Madou,	Belgique.	
1769 Magnus,	Prusse.	
4721 Mandel. Gravure,	Prusse.	
4726 Martinet. Gravure,	France.	
1776 Meyerheim,	Prusse.	
886 Millais,	Royaume-Uni.	
2093 Muyden,	Suisse.	
3800 Pignerolle,	France.	
3801 Pils,	France.	
672 Podesti,	Etats-Pontificaux.	
384 Portaels,	Belgique.	
4942 Richter,	Saxe.	
393 Rohbe,	Belgique.	
928 Roberts,	Royaume-Uni.	
3919 Rousseau,	France.	
3050 Saint-Jean,	France.	
4801 Schrader,	Prusse.	
39 St. inle,	Autriche.	
407 Stevens,	Belgique.	
413 J. Stevens,	Belgique.	
4079 Tayler. Aquarelle,	Royaume-Uni.	
441 Van Moer,	Belgique.	
460 Verlat,	Belgique.	
4168 Vetter,	France.	
4187 Vinchon,	France.	
958 Webster,	Royaume-Uni.	
951 Ward,	Royaume-Uni.	
4218 Yvon,	France.	

MÉDAILLES DE 3.ᵉ CLASSE.

2406 Achard,	France.
2435 Antigna,	France.
734 Ansdell,	Royaume-Uni.
2475 Baron,	France.
6 Blaas,	Autriche.
2628 Breton,	France.
2649 Busson,	France.
1522 Bles,	Pays-Bas,
1526 Bosboom,	Pays-Bas.
2583 Bodmer,	France.
2640 M.ᵉˡˡᵉ Browne,	France.
2568 Bonhomme,	France.
2823 Couturier,	France.
2841 Daubigny,	France.
2954 Desjobert,	France.
2962 Devers, peinture sur émail.	France.
306 Dillens,	Belgique.
4315 Doo, gravure.	Royaume-Uni.
4915 Ferri.	Sardaigne.
3431 Frère,	France.
2072 Gsel', dessins de vitraux,	Suisse.
3459 Gendron.	France.
340 Hamman,	Belgique.
3284 Hédouin,	France.
4031 Hunt, Aquarelle,	Royaume-Uni.
5842 Huristone,	Royaume-Uni.
3386 Jadin,	France.
1764 Kruger,	Prusse.
3473 Landelle,	France.
M.ᵐᵉ Laurent, peinture sur émail, a exposé un portrait de S. M. l'Impératrice. (Ne figure pas au catalogue.)	France.
2528 Lefebvre,	France.
3951 Lepoitevin,	France.
4285 Leroux. Lithographie,	France.
4705 Leroy. Gravure en fac-simile,	France.
3628 Luminais,	France.
3524 Lecointre,	France.
885 Macnée,	Royaume-Uni.
2368 May,	Etats-Unis.
3604 Melin,	France.
1580 Meyer,	Pays-Bas.
3742 Ouvrié,	France.
3817 Pollet. Gravure,	France.
915 Poole,	Royaume-Uni.
3884 Rodakowski,	France.
3862 Riesener,	France.
394 Robert,	Belgique.
3879 Roberts,	France.
4794 Rœting,	Prusse.
726 Rossiter,	Etats-Unis.
4810 Steffeck,	Prusse.
4034 Tassaert,	France.
427 Thomas,	Belgique.
4348 Thompson.	Royaume-Uni.
4067 Tissier,	France.
4086 Trayer,	France.
453 Verbœckoven,	Belgique.
4228 Ziem,	France.

MENTIONS HONORABLES.

N°	Nom	Pays
4689	Achenbach,	Prusse.
2425	Anastasie,	France.
2455	Appert,	France.
2459	Aze.	France.
2040	Boe,	Norwège.
4591	Blanchard, gravure,	France.
2163	Bohn,	Wurtemberg.
4249	Bonheur,	France.
2646	Brunel-Rocque,	France.
2634	Brion,	France,
2510	Bellel,	France.
2530	Benouville,	France.
2533	Berchère,	France.
2573	Billote,	France.
2579	Blanc-Fontaine,	France.
2040	Boulard,	France.
4607	Burdet, gravure,	France.
2660	Caraud.	France.
2744	Cibot,	France.
2710	Coignard,	France.
2792	Compte-Calix,	France.
756	Cooke,	Royaume-Uni.
2828	Curzon,	France.
990	Corbould,	Royaume-Uni.
2730	Chevalier de Valdrome,	France.
775	Cross.	Royaume-Uni.
4627	Caron, gravure,	France.
4636	Damour, gravure,	France.
776	Danby,	Royaume-Uni.
2850	David, miniature,	France.
5044	Delaroche, miniature,	France.
4639	Desclaux, gravure,	France.
4792	Desmaisons, lithographie,	France.
3029	Duval Le Camus,	France.
794	Elmore,	Royaume-Uni.
2236	Exner,	Danemark.
3049	Faivre, pastel,	France.
3053	Faivre-Duffer, pastel,	France.
3058	Fauvelet,	France.
4899	Fecker, lithographie,	Prusse.
3411	Fortin,	France.
4654	François, gravure,	France.
4656	François, gravure,	France.
20	Gauermann,	Autriche.
4918	Gastaldi,	Sardaigne.
2288	Gertner,	Danemark.
3479	Girardet,	France.
2054	Girardet,	Suisse.
3182	Girardin,	France.
3486	Giraud,	France.
3206	Gourlier.	France.
807	Goodall,	Royaume-Uni.
4720	Grach,	Prusse.
4232	Gruner, gravure,	Royaume-Uni.
3252	Guillemin,	France.
849	Harding,	Royaume-Uni.
3304	Hillemacher,	France.
825	Holland,	Royaume-Uni.
4738	Hübner,	Prusse.
823	Horsley,	Royaume-Uni.
2197	Induno,	Autriche.
2203	Induno,	Autriche.
1621	Kaiser, gravure.	Pays-Bas.
1743	Kalckreuth,	Prusse.
1560	Kane,	Pays-Bas.
1886	Keller, gravure,	Prusse.
1903	Kellerhoven, lithographie,	Prusse.
290	Kniff,	Belgique.
356	Kuytenbrouwer,	Belgique.
31	Kuwasseg,	Autriche.
3436	Laemlein,	France.
1355	Lane, lithographie,	Royaume-Uni.
3485	Lanoüe,	France.
3457	Lambinet,	France.
3487	Lansac,	France.
3492	Lapierre,	France.
3496	Lapito,	France.
4978	Larson,	Suède.
3509	Lavieille,	France.
4818	Laurence, lithographie,	France.
3520	Lécluse,	France.
3562	Lehmann,	France,
3586	Leman,	France.
3594	Leray,	France.
1765	Leu,	Prusse.
477	Lindemann-Frommel, lithogr.	Bade.
3620	Loubon,	France.
608	Madrazo (de)	Espagne.
3621	Marchal,	France.
2090	Meuron (de)	Suisse.
1578	Mertz,	Pays-Bas.
3688	Monginot,	France.
2021	Muller.	Norwège.
3724	Nanteuil,	France,
4057	Nash, aquarelle,	Royaume-Uni.
3133	Noël,	France.
1713	Pape,	Prusse.
635	Passot, miniature,	France.
266	Paton,	Royaume-Uni.
3761	Penguilly-l'Haridon,	France.
3768	Pérignon, fils,	France.
3780	Peyrol (Mme) née Juliette Bonheur,	France.
3784	Pezous,	France.
909	Philipp,	Royaume-Uni.
3789	Philippe,	France.
381	Pieron,	Belgique.
815	Pluyette,	France.
3810	Plassan,	France.
3821	Pommayrac,	France.
3824	Poussin,	France.
3829	Pron,	France.
1272	Pye, gravure,	Royaume-Uni.
445	Regemorter,	Belgique.
3839	Reignier,	France.
3857	Richomme,	France.
618	Ribera,	Espagne.
3845	Ricard,	France.
395	Robie,	Belgique.
3884	Rœhn, fils,	France.
398	Rofliaen,	Belgique.
3892	Roller,	France,

3901	Ronot,	France.
1796	Rosenfelder,	Prusse.
3916	Rousseau, miniature,	France.
3941	Roux,	France.
467	Saal,	Bade.
3961	Salmon, dessin,	France.
3969	Saltzmann,	France.
4847	Sirouy, lithographie,	France.
4014	Sorieul,	France.
4851	Soulange-Teissier, lithogr.	France.
1597	Springer,	Pays-Bas.
1808	Stocks-Lumb, gravure,	Royaume-Uni.
942	Stone,	Royaume-Uni.
422	Stroobant,	Belgique.
1091	Topham, aquarelle,	Royaume-Uni.
418	T'Schaggeny,	Belgique.
2102	Ulrich,	Suisse.
4182	Villain,	France.
47	Waldmüller,	Autriche.
1607	Waldorp,	Pays-Bas.
1095	Warren,	Royaume-Uni.
2428	Weber, aquarelle,	Suisse.
1101	Wehnert, aquarelle,	Royaume-Uni.
1107	Wels, aquarelle,	Royaume-Uni.
1603	Werveer, gravure,	Pays-Bas.
476	Willman,	Bade.
963	Wilson, gravure,	Royaume-Uni.
303	Winter,	Belgique.
4212	Wyld,	France.
246	Zimmermann,	Bavière.